心灵培养丛书

中学生人际交往指南

祖　峰　编著

吉林人民出版社

图书在版编目（CIP）数据

中学生人际交往指南 / 祖峰编著 . –– 长春 : 吉林
人民出版社, 2012.4
（中学生心灵培养丛书）
ISBN 978-7-206-08546-8

Ⅰ . ①中… Ⅱ . ①祖… Ⅲ . ①中学生 – 心理交往 – 指
南 Ⅳ . ①G635.5–62

中国版本图书馆 CIP 数据核字 (2012) 第 048290 号

中学生人际交往指南
ZHONGXUESHENG RENJI JIAOWANG ZHINAN

编　著 : 祖　峰
责任编辑 : 孟广霞　　　　　　　封面设计 : 七　洱
吉林人民出版社出版 发行（长春市人民大街 7548 号　邮政编码 : 130022）
印　　刷 : 鸿鹄（唐山）印务有限公司
开　本 : 670mm×950mm　　　1/16
印　张 : 10　　　　　　　　字　数 : 70 千字
标准书号 : ISBN 978-7-206-08546-8
版　　次 : 2012 年 7 月第 1 版　印　次 : 2023 年 6 月第 3 次印刷
定　价 : 35.00 元

如发现印装质量问题，影响阅读，请与出版社联系调换。

目　　录

目　录

友谊地久天长

训 练 内 容

情感共鸣

少年朋友

人生的道路应该怎样走？

理想的高峰应该怎样攀？

成功的果实应该怎样摘？

你是否盼望

有一个知心朋友为你参谋和指点？

——冉乃彦

是啊，在我们求寻的道路上，在我们生活的环境中，如果没有了朋友，没有了友谊，那么我们的生活将变得暗淡无光，我们的世界将失去生机和活力，而"孤家寡人"的日子又有什么意义呢？

我想同学们还记得小时候妈妈讲的《狐狸和乌鸦》的故事，那只狡猾的狐狸为了吃到乌鸦嘴里的肉，用尽了各种骗术，虽然它最终胜利了，但它失去了最宝贵的东西——友谊。难怪所有的人都讨厌它呢！

认知理解

当同学们跨进中学时代的时候，由于身体日渐成熟，心理上不断发展，多数中学生表现出喜欢集体生活，乐于与同龄人交往的愿望。以往所形成的对父母依恋心理和学习习惯，几乎完全被这个时期火热的学校生活和同学间的交往所代替。

新世纪的中学生，交往意识进一步增强，许多同学说："友谊与朋友，不仅仅是需要，而且是离不开。""友谊是一种精神支柱。""视友谊与朋友为清甜的溪水，能净化心扉。"我们看到，同学中对友谊的需求是普遍的、强烈的。无论是男同学还是女同学，都十分珍重同学之间的友谊，甚至把它看得重于对父母与老师的感情。同学之间的友谊之所以珍贵，是因为这种友谊建立在兴趣、爱好、性格、信念相同的基础上，相互间真诚、信任、理解，在遇到困难和挫折的时候会得到力量和鼓舞。因此，在人的一生中，中学时代建立起来的同学之间的友谊往往终生难忘。

中学生健康而真挚的友谊，是同学之间相互学习、相互帮助、相互促进的动力。今天树立正确的友谊观，珍重和发展纯真的友谊会为将来走向社会、适应新的环境以及建立正常的同志关系打下良好的基础。

操作训练

1. "品头论足"，对下面这个小故事进行评论并提出你对友谊的看法。

张磊和王浩一直是朋友，有福同享，有难同当。

一天，老师留作业时王浩没记，下课就忘了这件事。第二天交作业时，匆忙中，照张磊的抄了一份交上去了。老师很快就发现两个人的作业是一样的，就把他俩叫到办公室问："为什么你们的作业一样？是谁的？"张磊看了王浩一眼，王浩低着头什么也没说。老师见问不出所以然，就分别问他俩。他先问王浩："你们俩的作业怎么完全一样？如实说。"王浩把编好的话说了出来："我们俩谁也没抄谁的，只不过是一块商量着做的。"老师将信将疑，又问张磊："张磊，你可是好同学，你要是这么帮朋友，可是害了他。"张磊本来就觉得不对，这一来更是羞愧难当，他向老师说明了真相。第二天，老师在全班早自习上批评了王浩，表扬了张磊。下课后，王浩生气地质问张磊："你怎么能这样，这还是哥们行为吗？原来你竟是这种爱打小报告的人，咱俩完了！"张磊急忙分辩，说这是为他好。可许多同学也说："哟，原来张磊是老师的亲信噢，以后千万少接近他。"张磊此时觉得好茫然，为什么自己本想帮助别人，却招来这么多人的抱怨，这是怎么回事呢？

2.全班学生以无记名投票的方式，推选出集体中人缘最好的3人，然后老师公布名单，并就以后名单让学生自由发言，主题为"××同学（指当选的同学）的人缘好在什么地方"。

训练指导

教育目的

让学生掌握一些人际关系的礼仪，正确处理同学们之间的一些问题，增进人际关系的和谐。

主题分析

中学生由于生理、心理上的迅速发展，他们越来越重视社会集体中的自己。他们表现出强烈的交往意识，尤其是希望与同龄人的交往，渴望与同性和异性建立友谊，并特别看重它。的确，中学生健康而真挚的友谊，是同学之间互相学习、互相帮助、相互促进的动力。可以说，友谊是他们的心灵港湾，有许多话，他们不愿对父母和老师讲，而愿意向好朋友吐露心声，毕竟他们有许许多多共同之处、相似之点。但是，值得我们注意的是，由于中学生在情感上仍显得有些冲动和幼稚，缺乏生活阅历。因此，在对待同学关系上，中学生常常会感到困惑，甚至是烦恼。对中学生进行人际关系的指导是很有必要的。

训练方法

实例分析；认知理解。

训练建议

1. 让学生说出或写出他们在同学关系上遇到的问题有哪些。

2. 组织学生讨论如何正确看待同学间的友谊与冲突。

3. 结合讨论对某一实例进行分析，提高认知水平。

辛勤的园丁

情感共鸣

中国古代有一个关于璞的记载。"璞"是一种含玉的石头，混淆在沙石泥土之中，平淡无奇。要使玉显出晶莹的光彩，就要下力气把包在玉外的石层剥掉。凡是识玉的玉匠，只要发现了璞，就会尽一切努力，不惜一切手段和力量将包在玉外的石层雕琢掉，露出玉的本色，让它发出光华来。如果是蠢笨的玉匠，可能为保存璞内的玉，舍不得琢掉玉外的石层，结果这仍是"璞"而不是"玉"，登不得大雅之堂。同样，高明的医生，他会不顾病人暂时的疼痛去剜掉烂疮，目的就是为了使病人成为一个永远幸福健康的人。

我们的教师就是那个识玉的玉匠，就是那个高明的医生。老师相信每一名同学都是一块"璞"，更相信每一名同学都经得起雕

琢，最大的信任乃是对人最高的奖赏。这种奖赏并不是很容易就能获得的，要珍惜它。请记住一句话：响鼓要经得起重锤敲，好钢要经得起烈火炼。

认知理解

在中学的学习生活中，师生关系与小学相比有了很大的变化。在小学视老师如同父母而产生的顺从感与亲切感在中学逐渐转变为对老师的尊重和服从。有的同学开始对老师敬而远之，甚至个别同学还会对老师抱有敌意。这是什么原因呢？主要是由于中学生心理、身体迅速变化，而又缺乏人生经验形成的烦恼所造成的。

学校生活中同学们认为最不如意的恐怕就是老师的"限制"了。很多同学总觉得老师不理解学生。有一位同学反映，班主任老师在班里立下了种种规矩，如：在教室不许大声说话，每天交的作业凡是书写得不清楚、不整齐的一律退回重做，必须保持教室内的干净整齐……这些要求引起了同学们的反感。

同学认为老师不理解学生，但是同学们理不理解老师呢？教室是同学们学习、做作业、看书的地方。每个同学看书，做作业的速度不一样，因此有的同学先复习完功课就聊起天来，这必然会影响别人的学习。所以老师指出"少教同学有了在教室喧哗的自由权，多教同学就没有在教室安静学习的自主权"，这是有道理的。至于老师要求作业规范、整洁，不是老师的事多，而是从难从严的训练要求。深受人们赞誉的中国女排，能取得五连冠，是与教练袁伟民对队员的从难从严的训练分不开的。平时从严要求做作业，有利于同学养成良好的学习习惯，为求知识打下基础。实践证明，老师这样看问题是有长远目光的。

操作训练

1.每名学生认真思考"假如我是老师，我会怎么样?"，思考后把它写下来。然后分小组进行集体交流，最后每个小组选一名代表在全班把交流后的总结向全班同学做汇报。

2.角色扮演游戏

本游戏要求老师和学生同时参加，进行角色互换，也就是说，在游戏中，老师扮演学生，而学生则扮演老师，通过现场表演，看一看学生能否作到"1"中的"假如"那样。例如，一个同学说："假如我是老师，我一定会对学生充满爱心。"那么就让这个同学扮演很有"爱心"的老师，而老师则想办法模仿同学的调皮捣蛋甚至做坏事愚弄"老师"，不听劝告、撒谎、欺骗等行为，看看这个"老师"能否真正做到"耐心"。

通过这个角色互换的游戏，同学们就会站在老师的立场上理解老师的苦与忧，设身处地为教师着想，从而更好地沟通、增进师生关系，达到相互理解、相互关心和相互爱护的目的。注意：在本游戏中，老师扮演学生时应尽量贴近学生平时的言行，不能凭空编造。另外，对游戏的内容要注意临场发挥，如果事先排练，有时会使效果失真。

训 练 指 导

教育目的

加强师生沟通，增进师生关系，尊师爱生。

主题分析

作为学生，主要的社会关系不外乎亲子关系、师生关系和同学关系。中学生相对小学生而言，各种关系都有了进步、发展与提高，就师生关系而言，在小学视老师如父母而产生的向师性，在由中学逐渐转变为对老师的尊重和服从，对老师已不再盲目地崇拜与遵从，而多了一份评判与敬重。也许是中学生独立性、批判性增强的原因，致使师生关系有时会出现一些小小波折，常常会听说同学们抱怨老师不理解他们，仍把他们当小孩看待等等。这样一来，如何处理好师生关系也就成了中学生生活中的不可忽视的一个问题。毕竟良好的师生关系对于师生双方的工作与学习都有不可估量的激励作用。

训练方法

角色扮演法；小组讨论法。

训练建议

1. 让学生扮演教师的角色，通过观看表演，加强对老师的理解。

2. 让学生讨论"假如我是老师"这一话题，把两个人的想法写下来，说出来。

3. 让学生思考："作为学生，应怎样对待老师"。

爸爸妈妈我爱你们

情感共鸣

小芳的学校离家很远，每天晚上小芳都要坐三十多分钟的公共汽车回家，而爸爸也总是站在车站等着接她。

这一天早上，天空布满乌云，爸爸让小芳带一把雨伞上学，小芳嫌麻烦，没有听爸爸的，爸爸很生气，说了她几句，小芳一赌气，连早饭也没吃，就上学去了。

雨整整下了一天。放学后坐在公共汽车上的小芳望着窗外的大雨，心里发了愁，想起早上气得爸爸直喘粗气，不禁有些后悔。"这一次把爸爸气得这样，他肯定不会来接我了。"小芳自言自语道。

车渐渐地驶近车站，正当小芳脱下外衣准备罩在头上的时候，透过车窗，她突然看见站点旁站着一个人。由于没有其他人，这

个人孤零零地显得很单薄，他手举着一把雨伞，腋下还夹着一把小花伞。那不是爸爸吗？望着已经淋湿了半个身子的爸爸，小芳的眼睛模糊了，她不等车停稳，就跳下车，向着那个熟悉的身影跑去……

认知理解

父母在每个中学生的身心发展中起着无比重要的作用。正是由于他们精心的哺育和无微不至的关怀与照顾，才使大家有了健康的身心，度过了美好的童年。

自从进入中学以来，有些同学对父母的意见开始持有不同的态度，表现出较强的独立性和自尊心，甚至开始同父母产生某些矛盾或对立的情绪。在中学阶段出现这种情况是很自然的。

据心理学家的研究，无论对成人还是对同龄人的抗拒性反应的高峰年龄都是在中学时期。所以在中学时代，如何处理好自己同父母的关系就显得十分重要了。每个中学生不仅要把父母当作具有血缘关系的长辈，而且也应把他们看作是自己的良师和最诚挚的朋友。在同父母接触中注意学习他们可贵的品格，虚心听取他们的意见。对于父母不适当的态度或不准确的批评，也应设法在亲切交谈中耐心地解释或劝告。同时，还应该懂得体谅父母，不提那些不合理或不切实际的要求。

操作训练

这次操作训练的题目是"让我当一天家"。

1. 利用双休日或节假日，让学生来当一天家，负责全家人的起居饮食。

2. 就"当家"的感受在小组讨论中进行交流，内容包括：

（1）整体感觉如何，是不是很容易？

（2）当遇到困难时心情怎么样？

（3）当自己的辛勤劳动被别人尊重时感受如何，不被人尊重和理解时感受又如何？

（4）如果让你把这个家一直当下去，你感觉如何？

（5）通过当一日家，你对父母辛苦有什么新的认识？

（6）以前你对父母的辛劳是如何对待的？以后会怎样对待？

（7）如果就某事和父母意见不一致时，你会怎么办？

3. 把小组讨论的结果由某一人向老师和全班同学做汇报，如有可能，汇报时请家长也来参加。

注意：这项活动一定要事先与学生家长进行沟通，取得家长的理解和支持。另外，在学生"当家"过程中，对于他们力所不能及的事情不能勉强独自承担，可在父母的帮助下进行，但这种帮助不能变成"取而代之"，否则会影响活动的目的和意义。

训练指导

教育目的

加深学生对父母的理解，让学生懂得体谅、尊敬和关心父母。

主题分析

进入中学以来，许多同学对父母的意见开始持有不同的态度，他们表现出较强的独立和自尊心，甚至与父母产生一些矛盾和对立情绪，突出表现为逆反心理。日常生活中，也常会听到父母抱怨孩子说，也不知是咋回事，这孩子变得越来越不听话了，甚至还和父母对着干。这一切都是正常的，为什么这样说呢？据心理学家的研究，无论对成人还是对同龄人的抗拒性反应的高潮期都是在中学时期。这一心理发展规律向我们提出，对中学生进行父子、母子关系的指导是非常重要的，要让他们多给父母一些体谅，多给父母一些关心，少给父母出些难题，当然，作为父母，同样需要多给孩子一些理解。只有这样良好、和谐的亲子关系才易于形成与维持。

训练方法

认知提高法；训练法。

训练建议

1. 利用双休日或节假日，让学生当一天的家：负责全家人的饮食起居。

2. 结合当一天家的体验，让学生谈谈感受，对父母的辛苦有何新的认识。

3. 组织小组讨论，怎样做一名好孩子。

广阔的天地

训 练 **内** 容

情感共鸣

星期天，我和妈妈买完东西后在附近的一家饭馆吃午饭。

走进一家饭馆，正巧人不多。我们找了个座位就坐下了，服务员为我们上齐饭菜。我正吃在兴头上，过来一个男服务员，收拾我们旁边桌上的碗筷。只见他的白大褂黑不溜秋，脸更像三天没洗一样。我看在眼里，心里觉得很不舒服，于是放下筷子，推着妈妈走出了饭馆。

走着走着，突然发现妈妈的包忘在饭馆里了，于是我们又赶快跑回饭馆。

桌面空空，不见皮包的影子，那个脏服务员不见了，我断定是他拿的。正当我准备找他时，只见操作间的门帘一跳，那位穿着脏兮兮工作服的人走过来说："您的皮包落这儿了，我给收起来

了，您看看里边的东西少不少。"

妈妈连忙接过包一看，一点儿东西也不少，便连连向他道谢。

看着那脏兮兮却充满诚实的脸，我顿时觉得惭愧万分，我怎么能以貌取人，不尊重他呢？

认知理解

人生的道路是漫长的，中学生必须很好地适应社会，深刻地了解人生，掌握更多的社会生活和人与之间相互关系的实际知识，从而更好地为社会服务；还必须面向社会，不断扩大自己的生活范围，积极、自觉地参加一些社会实践活动，有选择地在社会上与人建立一定的相互关系，以便认识外面的世界。

同学们可以参加的社会活动是广泛的，例如社会调查、生产劳动实践、少年宫的活动、有组织的参观等等。在这些活动中，同学们会接触到各种各样的人，不可避免地同他们进行不同程度的交往。这种交往，无论对于提高自己的觉悟、拓宽视野，还是对于今后的学习与生活，无疑都会起到十分重要的作用，在交往中，同学们要注意了解他人的思想、工作、学习以及取得成就的过程，还要时刻保持诚实谦逊的态度，坦率地让别人了解自己，取得别人的指导与帮助。此外，不同学校的同学之间还能相互交流思想、学习等情况，彼此之间还可以经常保持联系，以利于共同进步。

操作训练

1.以下是我国社会心理学工作者经过认真地调查和研究，总结出的有良好人际关系的十大特点，同学们可以进行自测，看一看你是否有这些特点。

（1）尊重别人，与别人平等相处。懂得谦让和体谅别人，从

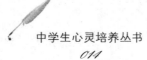

而能很好地和大家合作。

（2）有独立见解，不人云亦云，但在与别人争论问题时又十分重视听取不同的意见。

（3）善于学习，取长补短，能给予别人帮助。

（4）热情坦率，愿与别人说心里话，而不虚假应付。

（5）性格活泼，别人和他相处时都感到愉快。

（6）心胸开阔，考虑问题时从大局出发，不计较小事。

（7）对事业有责任感，做什么事都善始善终，争取最高质量。

（8）对自己评价比较恰当，不过高也不过低。不卑不亢。

（9）有进取心，思维活跃，有创造精神。

（10）讲信用，以诚待人。

2.自发地或由老师组织一次社会实践活动，活动重点是考察人与人之间的相互依存，相互帮助的关系，考察之后要对此进行总结和评论。

3.游戏：绑腿赛跑。

每10人为一组，可以分两组或多组。每组10人前后排列，右腿用绳子绑在一起，使这10人无法分开。然后各组进行50米赛跑，看哪一组能够像火车车厢那样，在密切配合下首先冲过终点。以此来体验通过合作取胜后的喜悦。

训练指导

教育目的
提高学生的社会适应能力，懂得正确处理与他人关系。

主题分析
中学生随着社会知识的增长，知识经验的增多，生活范围的

扩大，交往的对象也变得多了起来，如何处理好与他人的关系，是中学生社会适应能力的重要表现，人作为社会群体的一员，不可能把自己封闭在一个小圈子里，必须走出来，走人社会，深刻地了解人生，掌握更多的社会生活和人与人之间相互关系的实际知识，从而更好地为社会服务。同时，还必须面向社会，积极自觉地参加适合自身的社会实践活动，有选择地在社会上与人建立一定的相互关系，来认识外面的世界。当今一些中学生在心理上显得独立性很强，而在实际生活中则显现出处理问题的能力明显不足，常常依赖父母或其他人的帮助，可见，中学生需要深入实际生活去接受考验、丰富自己。

训练方法

测验法；游戏法。

训练建议

1. 教师以问卷的形式让学生对自己的人际关系进行自测，了解自身的人际关系状况。

2. 让学生进行绑腿赛跑的游戏，让学生体验良好的人际关系在生活、学习中的重要性。

人离不开交往

情感共鸣

1920年，一个叫辛克莱的牧师，在加尔各答附近发现两个女孩。这两个和狼生活在深山老林中的女孩，大的约七八岁，小的约2岁。辛克莱把她们送到孤儿院抚养，小的不久就死了。大的取名卡玛拉，她习惯四肢行走，用双手和膝盖着地歇息。她害怕强光，夜间潜行，午夜嚎叫，闲逛游荡，企图逃回丛林。她不吃素食，喜欢吃生肉，且只吃扔在地上的肉，辛克莱为了改造卡玛拉的动物行为，对她进行耐心的教育，但她的智力发展极为迟钝，8岁时只具有相当6个月婴儿的智力发展水平。17岁卡玛拉死时，她的智力发展水平仅相当于正常的三四岁儿童。

认知理解

1. 这个事实告诉我们，一个人如果失去了人的社会生活条

件，失去人际交往，不仅会失去心理的正常发展，而且还会失去大脑正常发育。

2. 随着第一声啼哭，呱呱落地，我们就登上了世界这个舞台。在这个舞台上，每个人都充当着一定的社会角色。不管你充当什么角色，都生活在一定的社会环境中，每天都在与各种各样的人相互了解和评价，并结成一定的人际关系，进行人际交往。

你不可能，更没有必要逃避人际交往。虽然，在交往中，你可能遭遇失败，但所获得的更多。困难的是，在人生的舞台上，我们作为一定的角色上场或下场时，并没有现成的"剧本"，更不知道与我们交往的对象会有什么样的台词和行动，只能靠我们自己去体验，去摸索，去分析。

操作训练

1. 想一想，朋友是什么？

朋友——志同道合结交的人。例：马克思与恩格斯。

朋友——彼此有交情的人。例：廉颇与蔺相如。

朋友——最信赖的人。例：刘备、关羽、张飞。

朋友——是一本好书。例：

朋友——　　　　　　例：

朋友——　　　　　　例：

朋友——　　　　　　例：

朋友——　　　　　　例：

朋友——　　　　　　例：

2. 内心独白

有朋友时，没有朋友时。

我快乐，我开心，我苦恼，我孤独。

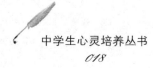

朋友与我分享快乐。

朋友与我同担忧愁。

3．小品表演：我的苦恼。

步骤：

（1）每组推荐一位擅长表演的同学，表演没有朋友的苦恼与尴尬，也可请其他同学协助完成。时间2～3分钟。

（2）可由全组同学商量小品的内容、形式，台词要求生活化，表演幽默风趣。人人关心，参与小品的编排，各组之间相互保密。

同学们自由发表意见。

4．讲故事

（1）每组推荐一名故事员上台讲故事，主题为"结交朋友的重要性"。时间3～4分钟。

（2）发动全组同学帮助找到符合主题，内容精彩，有吸引力的好故事。鼓励各组之间竞争。

（3）评比组评价，给最佳故事员发一个小纪念品，或是全班对获奖小组给予掌声鼓励。

训 练 指 导

教育目的

使学生认识到交往的重要性及如何培养交往能力。

主题分析

每个个体自从来到这个世界上，就生活于人与人的关系之中，就开始了交往。交往是人类社会活动中不可缺少的，是一个人生存和发展的重要社会环境。交往也是人的一种心理需要。通过交往，可以促进身心健康，促进信息交流，促进良好个性的形成，获得知识。此外，由于交往可以促进人际协调，因此可以使人产生愉快体验，提高工作、学习效率。交往的能力主要是从交往的实践中获得的，同时，也可看一些理论书籍指导实践。

训练方法

角色扮演法；讨论法。

训练建议

1．让学生自由活动十分钟再讲课，从学生刚才的活动讲起交往，使学生感到更亲切。

2．让学生讲和同学相处的快乐。再讲和老师、家长、亲属相处的快乐。

3．演小品，表现有朋友的快乐和无朋友的苦恼。

4．让同学自由讨论交往需要哪些能力。

猜疑之心不可有

训 练 内 容

情感共鸣

我刚走进班时只见我的同桌与一位同学在小声说着什么，他们见我进来，突然停下来不说了，各自回到了座位上。我感觉他们两人的表情很不自然，好像是在背后议论我。他们在说我什么坏话？他们为什么要说我坏话？我真是苦恼极了！

认知理解

1. 上面这位同学只是"感觉"别人在背后议论他，而其实他却并未亲耳听到，这只是一种猜测，说明这位同学过于敏感，多疑。他仅凭自己感觉猜测别人在议论他，其实他是自寻烦恼，不仅会加重自己的心理负担，而且还会与同学关系疏远，影响同学之间的相互交往。

2. 这种类型的同学与自身的性格特征有关，他们大多内向，

自信心不足，而且自尊心又很强，容易紧张，多虑，容易猜疑他人，常给自己带来不愉快。

3. 要消除自己的多疑心理。一方面，要正确认识自己，不受外界干扰，清除那种敏感，多疑心理；另一方面，要积极参加集体活动，广泛与同学交往，培养自己开朗豁达的性格。再有，凡事要想开，要学会调节自己的心理素质，这样，才能促进身心健康发展。

操作训练

1. 李明的钢笔找不到了，恰巧你有一支与李明一模一样的钢笔，你心里非常害怕，害怕同学们认为是你拿了李明的钢笔，同学们对李明丢笔一事议论纷纷，你总感觉同学们在说是你拿的，你这时应该怎么办？

2.《你处处疑心他人吗》测验。

俗话说："害人之心不可有，防人之心不可无。"每个人在生活中为了保护自己不致遭受无端的伤害，对人对事都会有戒备之心，不过，如果一个人时时处处疑心他人，对别人的任何行动都怀疑，以为别人是居心不良，谋划着要害自己，那么，对他人对自己都是有害无益的。

事实上，对他人不信任的人为数不少，但这些人往往对自己这一心理状态并不自知，这里我们综合国内外有关测试，设计了疑心病患者测试表，你不妨做一下。以下15个问题只需回答"是"与"否"。

1. 你是否经常觉得别人不喜欢你。（　　）

2. 你是否经常认为，你的家人或朋友在你背后说你的坏话？（　　）

3. 你是否根据自己心目中定下的标准来对别人下结论？（　　）

中学生心灵培养丛书

022

4. 你是否认为好朋友，在有机会而又不被发现的情况下肯定也会彼此说有损对方的话。（   ）

5. 你的一支笔不见了，当看到有位同学正在用着的笔与你的笔一模一样时，你会疑心是偷你的？（   ）

6. 你是否总是把自己的信件、记事本等藏得很安全，即使这样，你也嫌放得不够好？（   ）

7. 假如有人称赞你，你是否时常怀疑那些赞誉并非出自真诚？（   ）

8. 你和别人达成一项协议或说成了一件事，你是否总感觉到对方热情得令人奇怪，觉得自己被玩了？（   ）

9. 你是否认为，大部分人在无人监督的情况下，工作中一定会偷懒？（   ）

10、假如你一时找不到自己的东西，你第一个反应是认为一定是别人拿走的，是吗？（   ）

11. 看到你不太喜欢的人正兴奋地谈论什么，你是否会突然地很冒火，心情很坏？（   ）

12. 如果你需要帮助，你是否向多方寻求帮助而不只是相信某个人的意见？（   ）

13. 你是否认为，大部分人循规蹈矩的原因是害怕犯错误后被人发觉？（   ）

14. 因为你要外出，你把你的弟弟或妹妹放在朋友家，返回时他（她）眼泪汪汪，而朋友却嬉笑着，跟没事一样，你是否会觉得朋友太自私委屈了他（她）。（   ）

15. 在电话里，当不太熟悉的对方要你的地址时，你是否会犹豫不安？（   ）

结论与忠告：

以上每题回答"是"者得5分，"否"者得0分。如果你得了0～15分，说明你对人过分信赖，容易被人钻空子；如果得20～60分，你对人怀疑与信任参半，非常正常；但如果所得分数在65～75分之间，你的疑心便太重，可能对生活造成不良影响。在这时，你应该学习如何去信赖别人。

训练指导

教育目的

了解猜疑的弊端及解决办法。

主题分析

猜疑是一种毛病。由于感觉别人在议论自己，而带来了不应有的烦恼，破坏了与别人的关系，真可谓"天下本无事，庸人自扰之"。猜疑是对别人行为的错误归因，往往是无根据的。一般来说，猜疑别人，往往是不自信的表现，如果自己各方面都"行得端，走得正"，还怕别人议论吗？因此，猜疑的人首先应树立自信。此外，增加与别人的交往，与别人多交流感情，这样，就不会猜疑好朋友说自己什么了。

训练方法

讲故事法；讨论法。

训练建议

1. 讲故事：智子疑邻。

2. 让学生分析故事。

3. 讨论猜疑的坏处。

4. 教师总结。

真诚的力量

情感共鸣

在五彩缤纷的生活中，在错综复杂的社会里，人人都需要真诚。

真诚的心灵澄明如镜，真诚的生命鲜活充实。

真诚使集体洒满友爱与温馨的阳光，真诚让生活充满激情与快乐的浪花。

真诚不是智慧，但它常常放射出智慧般的光芒，有许多凭智慧得不到的东西，靠真诚却能达到。因而有人说："在生活的舞台上不能靠演技，真诚才能打动每一位观众的心。"

以真诚对人，并不是为了别人也以真诚回报。如果动机是以自己的真诚换回别人的真诚，这本身已不够真诚。因为真诚也是一种高尚。

从某种意义上说，渴望真诚，就是渴望信任、友谊、理解、尊重，就是渴望不再有虚伪、贪婪、狡诈、欺骗、冷酷……

真诚如大海，它有时也会遭污染，但是，凭借自身的净化能力，它很快就会使污秽沉淀，仍旧不改自己光彩的容颜。

认知理解

1. 有时，真诚和坦率容易使你遭伤害，但是不管怎样，你还是应该永怀真诚。因为出于真诚，即使有了过错，人们也会给予谅解与同情；而虚假与做作，得到的最终也只能是人们的鄙夷与不屑。

2. 朋友间必须是患难相济，

那才能说得上真正友谊，

你有伤心事，他也哭泣，

你睡不着，他也难安息，

不管你遇上任何困难，

他都心甘情愿和你分担。

明白这些你就肯定能分清，

真正的朋友和笑脸的敌人。

——莎士比亚

操作训练.

1. 小品表演："交友众生相"。

（1）五位同学上台表演。

表演者甲：这次考试我们打算一起作弊，你如果不合作，那么大家便不再是朋友了。

表演者乙：吸烟是小儿科！我们大伙儿都常常吸，你也吸一口吧！看我们多神气！

表演者丙：你爸爸每周给你50元零用钱，比我们三个人合起来的还多，每天的汽水就由你派吧！

表演者丁：我们到超级市场拿点糖果吃，你替我们把风，留心看看四周有没有人，拜托啦！

表演者戊：还有一个星期才考试，你还是先跟我们玩玩，你该不会一个人先温习功课，这么不够朋友吧！

（2）自由讨论。

①你在生活中遇到过上面的事情吗？你是如何对待的？

②交朋友是否应有原则？

2．给你的朋友写一封信，谈谈你的交友原则，并请他（她）回信交流。

3．抄一段歌颂朋友之情的歌词，并学会哼唱。

4．分组讨论。

（1）教师提出"自己的故事"主题：交友的原则。

（2）学生分组每人讲一个自己交朋友的故事。

（3）每一个故事应体现你认为最重要的一条交友原则。

（4）组长记录归纳交流。

训 练 指 导

教育目的

使学生认识到人与人之间需要真诚。

主题分析

有人说，由于市场经济大潮的冲击，人与人之间的关系掺进了较多的金钱、欺骗，而缺少真诚。因此，现代社会的人们都更加渴望真诚，呼唤真诚的到来。真诚，即出于内心深处的感情，而并非由于某种动机或利益的驱使。世间需要真诚，这就需要社会上的每个人奉献出自己的真诚，对家人，对朋友，对身边的每个人。但真诚是有原则的，要对得起自己、他人的善良的心。真诚是有对象的，是对那些无恶意的人。对恶者真诚是愚蠢。

训练方法

讨论法；角色扮演法。

训练建议

1. 让同学讲述自己曾遇到过的别人的真诚和欺骗，并表达自己的感受。

2. 主持人总结。

3. 组织同学表演"交友众生相"。

4. 分组讨论交友时的原则，谈对什么样的人真诚。

可爱的家

情感共鸣

母亲发上的颜色给了我，

还原为原来的白；

父亲眼中的神采传给了我；

复现旧隐的淡然；

一个很善良的名字，

我过分依恋的地方。

当灯火盏盏灭尽，

只有一盏灯；

当门扉扇扇紧闭，

只有一扇门，

只有一盏发黄的灯，

只有一扇虚掩的门，

不论是飞越了天涯或是走过海角。

只要轻轻回头，

永有一盏灯，有一扇门；

只因为有了一个很美的名字，

就有了海的宽柔。

认知理解

1．人一出生就落入人际交往之中。首先依赖父母的照顾，提供他生长所需的衣着、爱抚、关怀等，与此同时，他也要接受父母和其他人的影响，使自己的行为适合周围环境的需要。所以，家庭交往是个人社会化的起点。

2．俗话说：家庭是人生的第一所学校，父母是人生的第一位老师。对于中学生们来说，家庭还是他们人际交往的起始点，父母及亲友是他们最初的，也是最密切的交往对象。在家庭交往中，父母的亲情与人格；亲友们的慈祥、爱心，他们的奋斗精神、做人的准则，无不在中学生们的心灵中打下深深的烙印，为他们在学校及社会的人际交往积累了经验，打下了基础。

操作训练

1．爱心行动

爸爸、妈妈和我组成了这个可爱的家，是父母的无私奉献使我过上了安逸、舒适的生活。说实话，离开了家，我简直无法想象是否能生存下去。回家后，赶快向父母表达自己的爱心。

2．家庭写真

父亲的生日是_____，父亲的爱好是_____。

父亲在家中负责_____等事务，父亲是个_____的人。

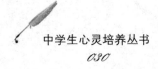

母亲的生日是_____，母亲的爱好是_____。

母亲在家中负责_____等事务，母亲是个_____人。

我的生日是_____，我的爱好是_____。

我在家中负责_____，家人对我的期望是_____。

我认为对家中贡献最大的人是_____，享受最多的人是_____。

你的存在给父母的欢乐（多于，少于）给父母的负担。

做完以上的回答，你对家的反应是_____。

3. 俄国文学家托尔斯泰曾说过：幸福的家庭大体相似，不幸的家庭各有各的不幸。那么我们的家庭冲突有哪些？又是由什么原因引起的呢？面对冲突如何能很好地解决呢？

训练指导

教育目的

增强学生对父母的理解，对家的热爱。

主题分析

家，多么温馨多么令人向往的字眼。大多数人在遇到不快时，首先想到的是家，然而我们为家做了些什么呢？对父母的感情理解多少呢？家，为我们提供着所有生存需要的物质支持，同时，不同程度地提供着精神支持。可怜天下父母心，他们把全部心血倾注在了儿女身上，而不幸的是许多儿女认为那是父母的义务，是理所当然，而问心无愧地享受着伟大的父母之爱，甚至有时抱怨父母的无能、不周等等。都说："不养儿不知父母恩"，但对父母的理解不要太迟了，不要等到他们离我们而去时才感到这种亲情的可贵与深刻。

训练方法

讨论法；讲解法。

训练建议

1. 让学生讲出他最亲近的人是谁，为什么？

2. 教师总结。用现身说法讲述父母的爱是多么伟大，亲身感受更可信。

3. 让学生写出自己对父母的了解有哪些，包括自然条件、工作情况、性格、爱好、昨天的心情等等。

4. 布置作业：回家与父亲和母亲分别谈一次话，时间约半小时，谈话中心内容为在你一次生病时父母亲的体验。然后写下自己的感受。第二个作业为写下自己现在能为家里做些什么。

重要的交往

情感共鸣

心理学家认为，一个人除了睡眠的八小时之外，其余时间90%要花在人际的各种直接间接的沟通上。一般的沟通中，9%以书面写作形式进行，16%以阅读形式进行，其余75%则分别用以听取别人和自己说话的交谈方式沟通。一个人直接从书本上学得的知识毕竟是有限的。即便是学富五车，但在现代社会潮水般涌来的新信息中只是沧海一粟。在许多情况下，自己百般探索，长期苦思冥想，不得其解的问题，在与人偶然交谈中，突然得到启示，产生灵感。

认知理解

1. 人的社会交往，是人体能够适应环境，适应社会生活，担当一定社会角色，形成丰富健全的个性的基本途径。有人研究生

活在孤儿院的儿童，他们平静而孤单地生活，得不到正常儿童应得的爱抚，更缺乏广泛的社会交往，所以不仅在智力发展，尤其是言语能力发展上低于同龄儿童，而且社会适应能力更差。

2. 一个人生活在社会里，有着强烈的合群需要，通过相互交往，诉说各人的喜怒哀乐，增进了彼此的情感共鸣，从而在心理上产生一种归属感和安全感。培根说过："当你遭遇挫折而感到愤懑抑郁的时候，向知心朋友的一席倾诉可以使你得到疏导，否则这种积郁会使人致病。……只有对于朋友，你才可以尽情倾诉你的忧愁与欢乐，恐惧与希望，猜疑与劝慰。总之，那沉重地压在你心头的一切，通过友谊的肩头而被分担了。"

操作训练

1. 填写"人际关系自我查核表"，检查自己的人际关系情况。"人际关系自我查核表"参考内容如下：

人际关系自我查核表＿＿＿＿＿年级＿＿＿＿＿班　　　姓名＿＿＿＿＿

项目

我能经常做到＿＿＿＿＿＿，我有时能做到＿＿＿＿＿＿，我没有做到＿＿＿＿＿＿。

（1）我看见熟人能立即打招呼；

（2）别人和我打招呼时我能立即应答；

（3）我常说"请"和"对不起"；

（4）我能常常保持仪容整洁，使人感到愉快；

（5）我的要求遭到别人婉言拒绝时，我能原谅对方；

（6）我对别人的东西不乱翻，不乱拿；

（7）我和别人交往时能常常面带笑容；

（8）我看到别人有烦恼时，能同情和安慰他；

中学生心灵培养丛书

（9）我待人和蔼而且诚恳；

（10）我能尊重同学的家长；

（11）我不嫉妒别人的才能；

（12）我乐意宣扬别人的优点；

（13）我能接受别人善意的劝告；

（14）我愿意与人合作；

（15）我喜欢参加团体游戏；

（16）我喜欢帮助别人完成他们该做的工作；

（17）我在约会时能守时；

（18）我对朋友守信用；

（19）我在团体中能守本分；

（20）我能保守别人的秘密；

（21）我有困难时向朋友求助；

（22）当别人说话时我能注意听；

（23）别人发言时我不打岔；

（24）别人表演后，我总是鼓掌，表示赞赏；

（25）我一定要努力完成朋友委托我的事情。

2．分组讨论；

在足球比赛中：

（1）前锋是做什么的？后卫是做什么的？守门员是做什么的？哪一个更重要？

（2）前锋踢球踢得好，比赛就一定会赢吗？守门员守得好，比赛就一定会赢吗？少数队员表现好，比赛就一定会赢吗？为什么？

（3）怎样才能赢得比赛？

（4）除了球技好之外，还要怎样才能成为好球员呢？

（5）如果你是一个球员，你希望你的队友怎样；不希望他们怎样？

3．让学生自由发言，根据同学们自己的经验，是否有不适当的沟通方式，而与别人发生冲突的情形？如：小华有一次考试得全班第一名，小玲拍拍她的肩膀说："小华，你很了不起。"小华却把小玲的手甩开，气得小玲三天不和小华说话。为什么会出现这样的情况？在这样情形下应该怎样进行沟通，向小华表示祝贺？

训练指导

教育目的

1．使学生认识到交往的重要性。

2．使学生掌握如何有效地与人进行沟通。

3．使学生对自己的人际关系状况有个初步的了解。

主题分析

融洽的人际关系是心理健康的一种表现，也是心理健康的促进剂。心理健康的人大多数相信自己，接受自己，他们也同样地相信和喜欢别人，因此，他们通常都具有良好的人际关系。同时，人际关系良好，又能够有效地促进人际的沟通，促进人们的相互认识和了解，使人们能够从不同角度、不同方面去看待问题。这样，他们对问题的认识也就更加全面，更加客观，反之，人际关系不良的人，因为人际沟通的困难，他们往往在自己和他人、社会之间划上一道鸿沟，拒社会于门外，把别人放在自己的对立面，这样很容易导致一些心理上的障碍。因此，教师要教育学生友好相处，要形成协调的人际关系，这是心理健康教育的一个重要方面。

训练方法

分组讨论；心理测验。

训练建议

1. 教师向学生进行"人际关系自我查核表"测验，使学生对自己的人际关系状况有一个初步的了解。

2. 学生进行分组讨论及自由发言，从中认识到良好人际关系的重要性。

我的父母

情感共鸣

　　我的爸爸是一个工程师，每天早上，我还没有起床，他就已经上班去了，晚上很晚才回家，回来后又要看书，又要画图纸，天很黑了还不睡觉。

　　有一天，我去爸爸的工地找爸爸，爸爸的工地有很多很高很大的管子，机器轰隆隆地响着。爸爸很忙，不时地在管子和机器之间穿来穿去，和工人们说话⋯⋯

　　早上，我还在睡觉，妈妈就已经起床了。妈妈很快地做好早餐，然后把我的早餐准备好，自己则拿起一块面包，一边吃，一边急匆匆地上班去了。

　　中午回到家，我就看电视去了，妈妈去厨房做饭，饭做好了，妈妈又去洗衣服⋯⋯

晚上，妈妈辅导我做功课，功课做好了，我就去睡觉，妈妈还在灯下看书，我一觉醒来，妈妈的灯还亮着……

认知理解

1. 爸爸妈妈很辛苦，他们又要工作，又要照顾家庭，照顾我们的生活，辅导我们的学习。所以，我们要体谅父母，关心父母。但有些孩子却对父母的苦心熟视无睹。他们不尊重父母，不珍惜父母所给予他们的一切和他们所拥有的一切，有的甚至认为这一切都是理所当然的，父母应当给予他们这样的照顾，否则便是"大逆不道"。

2. 父母是孩子的养育者，由于亲子之间的血缘联系，使得父母与孩子的关系具有相当的特殊性。父母与孩子之间有着无法割舍的亲子情结。同时，父母又是孩子的第一任老师，在长期的共同生活中，父母对孩子的潜移默化作用是孩子成长的基础。一般来说，父母在孩子的心目中是安全与力量的化身，是孩子崇拜和模仿的对象。孩子的生活观和价值观也都来源于父母。

操作训练

1. "我的爸爸（妈妈）"演讲。

将全班同学分成3～4组，让同学轮流介绍他们的爸爸或妈妈，内容包括：

（1）爸爸、妈妈的工作和日常生活。

（2）爸爸、妈妈对自己的照顾。

（3）爸爸、妈妈的辛苦。

（4）爸爸、妈妈的伟大等。

2. 同学自由讨论。

（1）他们最喜欢爸爸、妈妈的什么地方？为什么喜欢？

（2）他们不喜欢爸爸、妈妈的什么地方？为什么不喜欢？

（3）爸爸、妈妈知道吗？

3．将全班同学分成若干小组，就一些家庭关系问题进行讨论。

（1）你吃完晚饭，想看动画片，父亲却说这时正有一个对他很重要的节目上映，你怎么办？

（2）同学约你一起去他家做功课，可是爸爸不同意，你怎么办？

（3）你怎样帮助妈妈做家务？如果你在打扫卫生时不小心把花瓶打碎了，你怎么办？

（4）妈妈生病了，需要人照顾，你怎么办？

（5）爸爸答应星期天带你去游公园，可星期天爸爸有事不能去，你怎么办？

（6）你因为和同学一起玩，忘记做作业了，被妈妈发现，你怎么办？

（7）你期中考试没有考好，你如何和爸爸、妈妈说？

4．动脑筋考虑下面问题。

（1）我们应怎样同父母进行思想的沟通？

（2）年轻人的思想有什么特点？他和上一代的思想有什么不同？

（3）代沟产生的原因是什么？怎样消除代沟？

训 练 指 导

教育目的

1．教育学生认识到父母对孩子的关心和爱护是无私的。

2. 教育学生认识到孩子需要爱父母、尊重父母。

3. 认识到父母的辛苦，帮助父母做一些力所能及的事情。

主题分析

亲子关系是一种比较复杂的关系。由于每个家庭的环境各不相同，父母和孩子的关系也就不能一概而论。一些家庭父母和睦，家长对孩子教育有方，孩子也就能良好地处理与父母的关系。但有一些家庭，由于这样和那样的原因，如父母不和等，父母有时忽视了对子女的教育，孩子也过早地承担了家庭的压力。有一些亲子关系因此受到了一定的影响。因此；对于亲子关系的教育，教师必须有的放矢，针对不同学生，进行不同的教育，帮助学生克服困难，教育学生正视现实，正确对待亲子关系，教师尤其要注意不能让孩子再承受太多的压力。

训练方法

讲解法；演讲与自由讨论法。

训练建议

1. 教师首先给学生讲两个生活中普遍的小故事。使学生认识到父母对自己的无私关心和爱护。

2. 教师让学生自己进行演讲"我的爸爸（妈妈）"。

3. 教师向学生提出一些家庭关系问题，让学生进行分组讨论。

4. 最后教师总结。

老师好

训练内容

情感共鸣

我叫郑小红。一到教师节我就特别别扭，因为爸爸妈妈挣钱少，不能花钱给老师买礼物，看着同学们拿着包装精美的礼物送给老师，我心里别提多难过了！真想变个小虫子钻进地缝去。妈妈却安慰我说："教师节不用给老师买礼物，学生学习好就是对老师最大的安慰。"我真不明白了，那为什么还有好多同学给老师送礼物呢？

认知理解

1. 看得出来郑小红同学是一个十分懂事的孩子。她不能像同学那样送给老师礼物，心里很难过，说明她特别热爱自己的老师，想对老师表示一份爱心。可是，她也很体贴妈妈，知道妈妈挣钱少，所以没有软磨硬泡向妈妈要钱，而是把难过埋在心里，说明

她也是个通情达理、有一定心理承受力的孩子。不过这种"别扭"的心理还是应该及时调整，长此下去可能会产生"自卑"心理。这种心理会阻碍学生与老师之间的交流，不利于学生健康地成长。

2．同学们在教师节给老师送礼物，是表达对老师辛勤工作的感谢，是可以理解的。但并不是礼物越贵重，越能表达出对老师的热爱之情。教师节可以给老师送礼物，但绝不是不送不行。正像小红妈妈说的："老师看重的是你的进步，而不是贵重的礼物。"俗话说："千里送鹅毛，礼轻情谊重"，只要能表达出你的尊师之情就可以了。一张贺卡、一封短信、一个好成绩、一句问候语……

操作训练

1．组织全班同学讨论：

（1）如果上课时，课堂里有几个同学在大声地讲话，结果会怎样？

（2）如果同学们上课听不进老师的讲课，作业不会做，怎么办？

（3）同学上课不遵守纪律，对不对？如果同学上课不遵守纪律，老师应该怎么办？

2．分组讨论：

针对以下几种情境，你会怎么做？应该怎么做？

（1）你早上到学校，看见校长背对你站着。

（2）老师要你去隔壁教室找另一个老师借东西。

（3）你的老师正在对一个同学讲解数学题，而你也有问题要问老师。

（4）你匆匆忙忙去上学，不小心撞在老师身上。

讨论后，请一个同学当校长（老师），其他同学模拟真实情境表演。

3．慰问老师活动：

组织班级同学自己制作小礼物，如节日卡、生日卡、手工制品等（由平时比较调皮的学生）送给各任课老师，向老师表达美好的祝愿，沟通师生之间的感情。

4．"你对批评的态度如何"测验：

（1）我会直截了当地告诉对方我非常恼火。

（2）如果谁反对我，我今后不再和他保持联系。

（3）我认为批评别人是浪费时间。

（4）我从不会要求别人向我提出意见。

（5）对他人不切实际的意见，我保持沉默态度。

（6）我对他人的不良行为很少提出意见。

（7）我很少结交喜欢喋喋不休的人。

（8）我经常问别人我有没有得罪他们。

（9）我不喜欢公开与人讨论和某人关系不好的原因。

（10）如果在某种场合我不受欢迎，我一定要找出原因。评分：每答对一题得1分。

正确答案：1、9、10题为"是"；2、3、4、5、6、7、8题为"否"。

超过8分者：接受批评时，你不感到丧气，因为你知道善意的批评是关心的表现。

6～7分者：在多数情况下，你能运用善意的批评，但有时你贬低了它的作用。

5分以下者：你一受到批评立即垂头丧气，认为批评是最可怕而有害的东西。

教育目的

1. 帮助学生认识师生关系的性质，认识教师工作的辛劳。

2. 促进学生学习，如何正确处理师生关系。

3. 养成热爱老师，尊敬老师的习惯。

主题分析

学生和老师之间的关系是学生人际关系中非常重要的一种关系。老师担负着对学生的教育职责，负责传授学生知识，促进同学个性的发展；学生则处于被教育的地位。因此，老师要爱护学生、关心他们的成长；学生则要尊重老师，虚心接受老师的教导，老师和学生之间的和睦关系是成功教育的先导条件。但师生关系并不总是处于这种理想状态，这在很大程度上影响了教育效果。因此，发展师生关系，一方面是教师提高自身素质，发展敬业和无私奉献精神；另一方面，教育学生认识到师生之间关系的性质，认识教师工作的辛劳，也是促进师生关系发展的一个重要途径。

训练方法

讲述和讨论；心理测验。

训练建议

1. 教师给学生讲述一个小故事，通过对故事的分析和理解，使学生认识到教师和学生之间关系的性质。

2. 组织全班同学讨论老师提出的几个问题，从中使学生学会如何正确处理师生关系。

3. 学生完成心理小测验，来考察他们对批评的态度。

消除交往障碍

情感共鸣

著名的俄罗斯作家契诃夫，在一部短篇小说里描写了一个公务员的悲剧命运。故事说：公务员伊凡去剧院看戏，正看得"非常愉快"的时刻，突然打了个喷嚏，一星唾沫飞到了前排将军的光头上。他发现，这将军是自己上司的上司，立刻惶恐万分。将军并没介意，而他却焦虑异常。散戏了，他心慌意乱地赶紧道歉，将军觉得无聊，表情木然地走了，他更加为之心惊肉跳，觉得自己犯下了不可饶恕的过错。第二天，他悔罪般地找到将军的办公室，还想解释，将军急怒了，大声斥责他出去！这位公务员的精神再也承受不住了，心力交瘁地回到住处，夜里便死了。

认知理解

1. 这位公务员之死，除去旧的等级制度对人的压抑之外，一

个很大的原因是在人际交往中严重的心理障碍。他如果不是那么抑郁，那么缺乏自信心，那么缺乏意志力，那么患得患失，就不会造成这样的悲剧。可见，消除人际交往中的心理障碍是多么重要。

2. 要想消除交往障碍，可尝试以下方法：

（1）"自我激励法"。可以这样想：我的社交能力虽然差些，但别人开始时也是这样，不管什么事情，开始做总是不可能做得圆满，多做几次就会好的。大家都是这样过来的，并不是我特别差。

（2）"声东击西法"。当你遇到对方的风度、谈吐或别的方面明显比你出色时，请你不要盲目地与他比较；可以采取"声东击西"的方法：我的社交不如你，不过，在别的方面我也有我的特长，相比较而言，我并不比你差。

（3）"情感接近法"。这种办法对于克服与领导、长者、异性交往中的"恐惧"心理能起到很好的作用。具体做法是，当你与他们在一起时，不要过分考虑他们的身份、地位、年龄及性别，首先从自己的情感上与他们"缩短"距离，就不会感到拘谨难堪了。

操作训练

1. 角色扮演

小芳：嗨，小云，你的书包掉到地上了。

小云：咦，怎么会掉了？我刚才明明不是挂得好好的吗？小芳，是你碰掉的吧！你把它捡起来。

小芳：不！不是我碰掉的。我看见的时候它就已经在地上了，我不知道是谁碰掉的。

小云：我不管，反正你把它捡起来挂好，否则，我对你不客

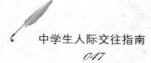

气。

小芳：你这个人怎么这样？我好心告诉你书包掉了，你却说是我碰掉的，要我帮你捡起来，说话还这么不客气。我不捡，你要怎样？

小云：你不捡，我就揍你。

小芳：你敢！我告诉老师去。

表演完后，请同学讨论：

（1）他们的做法对吗？为什么？

（2）如果你是小云，你会怎么对小芳说？

（3）如果你是小芳，你会怎么做？

2.“你受人喜欢吗”小测验

你想知道别人是否喜欢你，下面25个问题是根据心理测验而拟的。目的是让你大致明白自己人缘的好坏及是否易交朋友。请在每项下面写“是”或“否”。

（1）你是否自动地和不经思考地随便发表意见？

（2）你是否认为最好的三位朋友都不如自己？

（3）你喜欢独自进餐吗？

（4）你是否常看报上的谋杀新闻？

（5）你对这一类的测验是否有兴趣？

（6）你是不是也向别人吐露心中的抱负，自己的挫折，以及个人的种种问题？

（7）你是否常向别人借钱？

（8）你和别人一道出去，是不是一定要大家平均分摊费用？

（9）你告诉别人一件事，是不是把细枝末节都说得很清楚？

（10）你肯不惜金钱招待朋友吗？

（11）你认为自己说话毫不隐讳的态度是对的吗？

（12）你跟朋友约会时，是否常让别人等你？

（13）你真正喜欢小孩子吗？

（14）你喜欢拿别人开玩笑吗？

（15）你认为中年人恋爱愚蠢吗？

（16）你真正不喜欢的人，超过7个吗？

（17）你是不是有一肚子牢骚？

（18）你讲话是不是常用"坏透了""气死人""真要命"一类的字眼？

（19）电话接线工和商品推销员会使你发脾气吗？

（20）你爱好音乐、书籍、运动而别人不喜欢，你是否便觉得他面目可憎，话不投机？

（21）你是不是经常言而无信？

（22）你是不是常常当面批评家里的人或好朋友？

（23）遇到不如意的事，你会神情沮丧、意志消沉吗？

（24）你自己运气坏而看到朋友成功的时候，是不是真的替朋友高兴？

（25）你是否喜欢跟人聊天？

把你的答案和下面的答案比较一下，彼此相同，就得1分。得分越多，就表示你越受人欢迎。最高分25分。假使你的分数不到25分，你也不要认为自己人缘不好。只要有17分，你就是一个很受欢迎的人了。

1．否；2．否；3．否；4．是；5．是；6．是；7．否；8．否；9．否；10．是；11．否；12．否；13．是；14．否；15．否；16．否；17．否；18．否；19．否；20．否；21．否；22．否；

23. 否；24. 是；25. 是。

训练指导

教育目的

1. 帮助学生认识人际交往中交往方式的重要性。

2. 学习与人进行人际交往的技巧。

3. 认识到友善行为是受人欢迎的行为。

主题分析

人际沟通的能力不是天生的，而是在后天的学习和实践中形成和发展起来的。中学生由于生活环境的相对单纯和狭窄，他们不需要为日常的衣食住行担忧，他们的任务只是学习，他们通常的交往对象只有家长、老师和同学以及为数不多的亲戚朋友，在这样的环境要求下，他们很少，也不容同外界环境有过多的接触，加上中学生身心发展的限制，他们的人际交往和人际沟通能力相对就比较差。缺乏人际沟通能力对学生的身心发展是不利的。因此，有必要加强学生的人际沟通能力的教育。

训练方法

讲述讨论；角色扮演；心理测验。

训练建议

1. 教师向学生讲述一个故事，使学生认识到交往的重要性及交往障碍的不利影响。

2. 教师出示具体的情境，让学生根据情境进行角色扮演，从中体会到正确的交往方式，并掌握人际交往的技巧。

3，教师对学生进行《你受人喜欢吗》心理小测验，使学生对自己的人际关系状况有一个初步的了解。

学会欣赏

情感共鸣

据古希腊传说，第一个人是天帝所造，第一只牛是海神所造，第一座房子是劳工所造。在他们工作完成时，因为要比谁的工作最完善，便发生了一场争论，他们决定去请讽剌神做裁判。然而讽剌神很挑剔，处处揭发他们仨的短处。他首先责备海神，因为他未曾把牛的角做在下面，那样去顶东西容易一点。他又责备天帝，因为他未曾把人心放到外面来，这样大家就可以知道恶人的想法以做防备。最后他骂劳工神，因为他没想到在房子底下装上四轮，以便讨厌邻居时，住的人可以轻易搬走。于是，天帝、海神、劳工十分恼火，一起赶走了讽剌神，并剥夺了他的裁判资格。

乍听之下，故事中的讽剌神所说似乎也有道理，可是他不知过分的挑剔会招人厌恶，而且他不会看别人的优点，只专注于挑

别人的过失，自然不受欢迎。

几千年前的故事就告诉了我们，与人相处融洽首先要会欣赏对方，每个人都有其闪光点，我们要善于发现，之后就会真心地友好相处。

认知理解

朋友需要相互欣赏。只有了解了朋友的优点和缺点，并爱屋及乌地全部加以坦然接受，你们才会是真正的朋友。你内心有所嫌弃或厌恶的人，你们是不可能彼此成为朋友的。

普通的交往需要礼貌和热情，这也需要你以一颗"宽以待人，严以律己"的心来忽略对方的缺点，或平衡他（她）的缺点上。

要养成悦纳他人的习惯，首要的是从心而口地夸赞别人，原因有：

1. 人们都愿意听别人对他们真诚而积极的感受；

2. 表示赞美会加深加强两人的关系；

3. 当人们被赞美时，他们一般不会感到不适或认为理所当然；

4. 不能帮助别人改正的缺点不要轻易批评；

5. 受到夸赞的行为会增加其出现频率。

操作训练

1. 列举出自己讨厌别人的理由，再一一反驳以"我不必讨厌他（她）"的理由。例如：

我烦透××了，他上课总说话。

反驳：

人人都有毛病，我上课时不搭理他，下课有机会告诉他我的感受。

她总一副不可一世的神情，看着就烦。

反驳：

我们性情不合，但人各有特点，我不和她深交便可，不必厌恶她。她还是有很多优点的。

2．找出班上人缘最好的同学，全班一起讨论他（她）在悦纳他人方面的表现。（或者是你所熟悉的其他人缘好的人）。

3．课外作业：

定一位你较讨厌的同学或亲属或老师，每天强迫自己找到他（她）身上的一个优点，坚持一星期，看看你是否还讨厌他（她）了？

训 练 指 导

教育目的

让学生理解悦纳他人的重要性，并学会发现、肯定和欣赏他人的各种特点。

主题分析

良好人际交往的一个重要原则，就是平等，你要别人接受你，你自己首先要能愉快地接纳别人。高中生已经进一步走向成熟，需要有意识地自我培养一些人际交往的必要准则，本课中悦纳他人就是基本的一步。怎样看待别人不同于自己的各种特点，怀着兼容并包的胸怀，善于发现、肯定和欣赏他人的各类优点，真诚地接纳他人，顺利地发展人与人间的亲和关系。

训练方法

举例法、反驳法、讨论法、认知作业法。

中学生人际交往指南

053

训练建议

1. 鼓励学生自我列举出日常生活中讨厌他人的种种理由，并分别加以反驳；

2. 在全班范围内选举出最受同学欢迎的同学，并讨论他（她）在悦纳他人方面的表现；如果全班范围不合适，可以换成同学身边的他们熟知的某个人缘好的人；

3. 指导学生在课外练习发现他人的优点，并因由这些优点逐步体会如何悦纳他人。

团结就是力量

情感共鸣

"天未暖，

大地先暖，

所以有许多花，

能钻出冰雪绽放。"

我们总以为世界的温暖全来自阳光，其实脚下的大地，更有令人惊讶的热力。我们总以为遥远的是好的，身边的太微渺，其实与你周围的人相拥在一起，你才会有巨大的能量。

人们还会有这样的毛病，离自己很远的人有了巨大的成绩，我们欣赏赞叹，在自己身边的人一有成绩，我们就会焦躁不安，想法超过去或赶上去才不感觉有威胁。于是，常常只有竞争没有合作，人际关系可想而知。

其实，众人齐心，其利断金。你是强者，你需要帮手，你不是强者，你需要老师。两根筷子，少了任何一根，毫无用处。成功的人际交往需要与人合作，在合作中提高自己，帮助别人，建立友情，何乐不为？

认知理解

合作是两个以上的人为实现共同目标而齐心协力，相互促进的协作性行为。

社会心理学的研究表明，真诚的合作必须具备一定的条件，即目标共同，利益共同；相互依存，缺一不可；共同活动，相互理解。什么样的合作集体才最稳固呢？合作失败的集体也可能拆伙，如果各自居功的话；只有拆伙之后，发现势单力薄，再回头合作的关系相比较最稳定。

萧伯纳说：如果你有一个苹果，我有一个苹果，相互交换后仍只有一个苹果。可如果你有一种思想，我有一种思想，相互交换后则会有两种思想。这个著名的苹果说形象地说明合作对个人发展的益处，所谓"三人行，必有我师焉"，通过合作，我们可以与合作伙伴互通有无，相互提携。

另外，合作还有利于学生的品德修养。融洽的合作会使你学会考虑他人，体贴照顾他人，乐于助人等优良品质。

操作训练

1. 举行小型辩论会。

正方：现代社会需要合作。

反方：现代社会需要竞争。

2. 阅读下面的故事，谈谈自己的读后感。

小陈和小赵两家约好，各开一辆车，到人迹罕至的深山露营。

他们在溪谷的沙滩上搭起帐篷，点起营火，有说有唱，闹到深夜。没想到才就寝，便下起倾盆大雨，溪水暴涨，瞬时冲进营帐，两家六口差点没逃出来。

惊魂未定，小陈开始埋怨小赵："全是你的馊主意，谁都知道溪边不保险，你偏说好，这下好，好得差点送命。"

"碰上涨水，你就怨，你昨晚不是还在说这地方好，说我会选吗？"

两个人你一言，我一语，越说越僵，夫人和孩子也不示弱，纷纷加入战局。好好两家人，为此居然闹翻了，均发誓不再搭伴露营了。

小赵等天一亮，就气愤愤地先带夫人孩子开车下山了。

小赵的车没开多远，就停住了。昨夜雨势太猛，山上滚下一块大石头，正挡在路中间，小赵一家人使尽力气，就是差那么一点，动不了。小赵走进车子，坐在上面发呆。

一会儿小陈的车子也下来了，对着小赵的车子猛按喇叭。小赵指指前面。小陈跳下车，跑过去看，又把家人叫下车，但和小赵一样，每次石头才要开始移动，因为力量不够，又回到了原来的位置。小陈硬不服输，一次又一次地带着家人拼命。

突然石头滚动了，三双手加入了原来的三双手，一口气把巨石推到路旁。

"幸亏来了两家人！"小陈说。

"可不是吗？"小赵掸掸手，"要不然就困在山上了！"

两家人于是有说有笑的，并约定了下次露营时间。

教育目的

让学生领会团结合作这一优良的品质，掌握实际的与人合作的操作方法。

主题分析

人作为个体是生活在群体中，善于与人合作才会融入集体，成功而快乐地生活。现代社会强调竞争，这很可能导致一种歧途，即不要合作的竞争。其实，竞争是促使个体进步的，但没有合作基础的竞争显然做不成也做不好大事的，它会局限个人的眼界、进步的速度，是违反人的社会性的。高中生学习上竞争激烈，如果学不会与人合作，做不到合作基础上的竞争，就会延误自己在知识技能和人格品质上的成长。

训练方法

辩论法；阅读法；讨论法。

训练建议

1. 组织学生就合作和竞争的利弊举行一次小型辩论。

2. 让学生阅读故事，讨论各自的读后感，重点是合作的意义及如何达成真诚的合作。

理解万岁

情感共鸣

我们爱父母，却和父母爱我们不一样

我们的爱是溪流，父母的爱是海洋

芨芨草上的露珠，又圆又亮

那是太阳给予的光芒

四月的日子

半是灿烂，半是辉煌

那是春风走过的地方

我们的欢乐

是父母脸上的微笑

我们的痛苦

是父母眼里深深的忧伤

我们可以从容地走出很远

却总也走不出父母心灵的广场

十六七岁的我们正如诗中所表达的，已朦胧地体会到父母对我们的深深爱心，我们也从一杯牛奶，一把雨伞，一件新衣，片言只语中分外感激这份亲情，无数的文艺作品都表现出"父母爱我们，我们爱父母"主题，可究竟应怎样做才是真正的爱父母呢？满足父母对我们的最大要求——理解他们。

认知理解

两代人生活在不同的历史背景下，经历上差了几十年，肯定会有观点、行为上的差别，这就需要站在对方的立场上互相理解，消除冲突，促进融洽，毕竟我们彼此深爱对方。

反省自己，高中生的年龄常喊理解万岁，却往往封闭自己，拒人于千里之外，接受父母的爱很自然，却很少细听父母唠叨，总以为自己知道得已经不少；总以为世界真奇妙，家里空间太狭小，出去走一遭，会体味到"父母"和"家"是多么暖心的词眼；总不耐烦父母的提醒和教导，却认识不到这个人是多么地关注你、器重你。

理解父母，首先要理解父母表面的言语，行为背后的动机，即出发点，那就是要更好地爱我们；其次要理解父母也是个普通人，他们也可以有一些常人所有的弱点和毛病；最后还要牢记父母受的教育、曾处的社会熏染是与我们不同的，我们在想什么他们不一定能体察到，但他们是可以慢慢沟通的。

操作训练

1. 下面是著名作家肖复兴的文章《家》中的片段，给省略号处续出"我"的反应。

阔别重逢，爸爸妈妈早盼着这一天。他们从箱子里拿出一纸鞋盒，里面盛着花生、瓜子。那年月，物品奇缺，每逢过春节时每人才供应二两瓜子、半斤花生。我知道这是他们最大的心意，为我接风洗尘最好的东西了。他们一直舍不得吃，一直留着等我回家，搁的时间太久，又过了伏天，每一粒瓜子和花生都已经发霉了。我咬了几粒，苦涩的味道直钻鼻子……那一年夏天，荔枝刚刚上市，水淋淋的，透着清香。北京见到南国这样新鲜水果并不那么容易，时令一过，短短几日满京城便再也买不到它了。我兜里的钱虽然不多，咬咬牙还是掏好几元钱买上一斤荔枝。说实话，长这么大，我那时还从未吃过荔枝呢，妈妈也是，我要让老人家欢喜一下，尝尝鲜！回到家，桌上放着一盘沙果，都是或长着疤的或烂了皮的，都已经被挖去疤，削掉皮，洗得干干净净了。不用问，这是妈妈买回的处理水果……

2. 讨论一下，你续的结尾和原文的结尾有无差异？并设想一个理解的孩子与一个不理解的孩子此时会有什么不同的反应？给父母的反响又会怎样的不同？（原文结尾见参考答案）

3. 各自填写下面"理解要求表"，再讨论。项目行为要求：

（1）对父母有益的教诲。

（2）对父母做得不对的地方。

（3）遇到升学等个人大事。

（4）对自己在校情况。

（5）对家务劳动。

（6）有事外出时。

（7）对父母的身体健康。

（8）当父母有为难处时。

（9）当自己提出要求，父母有不同意见，不能满足时。

（10）对个人生活。

4．课外作业

解读孟郊的一首诗：

萱草生堂阶，游子行天涯。慈母依堂门，不见萱草花。参考：

（1）肖复兴原文两结尾：

可是，我还是把它吃进肚里。瓜子不大暖人心，那一刻我才真正体味到中国这句老话的内涵。

我一把抓起好几个沙果塞进嘴里，边吃边说真好吃，又忙问多少钱一斤？然后不住口称赞真便宜。其实，妈妈知道都是我在安慰她而已，但这样拙劣的把戏每次依然让老人家高兴。

（2）解读诗的部分解释

母亲送儿子时，为什么望不见近在咫尺的阶前脚旁的萱草花，她的目光和心都被不孝的儿子牵走了。

训练指导

教育目的

让学生从心理上做到尊敬父母、孝敬父母，帮助学生理解父母以融洽地与父母交往。

主题分析

父母是另一个时代的人，很自然与孩子有许多差异，包括审美取向、价值观、人生观，所以理解父母才能与父母和谐相处。高中生仍处于心理闭锁的青春期，自我意识强烈，常难以敞开心扉与父母交流，难以站在父母的角度认识问题，因此常常与父母的交往出现障碍和挫折。父母对子女的爱是无穷尽的，至高无上的，理解父母首先要理解这个中心，并时刻谨记。

训练方法

阅读法；讨论法；填表法。

训练建议

1．让学生阅读名作家肖复兴的文章《家》中与母亲交往的片段，并让学生按自己的想象描叙当时的反应。

2．让学生看看原文，并与他们自己的描述加以比较，看该如何才能与父母相处融洽。

3．指导学生以表格的形式填写不同情况下该怎样做才是理解父母的得当行为。

4．课外要求学生赏析关于父母的名篇佳作，体会父母对子女的深厚爱意。

师生交流

情感共鸣

小菁交完日记后又兴奋，又紧张。因为她在日记里交了一篇作文。这篇作文是小菁听完一位名作家演讲之后的感想，是小菁生平最满意的一篇。小菁自信能得到老师的赞赏，何况那位作家，也是老师心仪的。演讲会上，小菁还看到老师非但不断做笔记，而且会后老师也排队上去请作家签名。

"如果老师发现我跟她的见解相似，该多高兴啊！"小菁想。自从交出日记的那一天起，小菁就特别注意老师的反应："她一定会在上课时，给我一个会心的笑！"可快一个礼拜了，老师好像完全没有反应。小菁又想："她一定会在日记里给我很好的评语。"可是，日记发下来后什么评语都没有，那篇作文却不翼而飞了。

小菁非常担心，忍不住跑去问老师，老师笑着说："你的文章

写得不错，过两天还你！"小菁心中一块石头落下，却越想越不对劲，三千字的文章用看那么久吗？是不是丢了？也许是老师妒忌我写得好，故意压下来，她不也崇拜那位作家吗？她也许自己写了一篇不如我……小菁越想越气，看老师也越来越不顺眼，看老师的笑也是不怀好心的、鬼鬼祟祟的。第三个礼拜日记发下来还没看文章，小菁冲进了老师办公室。

"我正要找你呢！"老师笑着把文章交到小菁手上，"等得急了吧，我觉得你的文章写得太好了，只有一个人可以给你评语，所以我把它交给了那位作家"。

平常的学习生活中，我们有没有误会老师的时候呢？你和老师的交往怎样呢？

认知理解

在学生的人际交往对象中，老师应该是一类重要群体。但中国传统的教育把老师放到了高高在上的权威地位，学生与老师有很大的心理距离，师生交往或止于课堂内，或漠然敌视，或被众人视为"拍马屁"的亲密交往。

其实，学生应该与老师密切往来，理由有：

1. 老师的学识阅历比你丰富，与老师交谈和课下请教可以让自己受益匪浅；

2. 每个老师都希望自己桃李满天下，所以老师对学生的态度是爱护和亲切的；

3. 每个老师都希望学生喜欢自己，所以你主动找老师谈谈会受欢迎的；

4. 一个老师要同时教许多学生，不可能很快很透彻地了解每个学生，所以师生间有矛盾时或平时你应主动通过交往来让老师了解你；

5. 老师亦是普通人，也会感激你的关心、体贴、尊敬和喜爱，师生交往是双向的；

6. 与老师的交往要出自尊敬和喜爱，真诚的师生交往值得提倡，落入俗套的请客送礼不屑一提，这样才会有真正感情的交流和相融。

操作训练

1. 判断正误（正确打"√"，错误打"×"）

（1）因为老师有不对的地方，所以我懒得搭理老师也无可指责。（　　）

（2）学生关心体贴老师，是使学校生活快乐融洽的条件之一。（　　）

（3）老师对我们如此严格挑剔，真讨厌！（　　）

（4）因为老师对学生在校情况最了解，所以对学生的教诲就较切中要点，学生要虚心听取老师的教导和指点。（　　）

2. 角色扮演。分别找几对学生演下列情境：

（1）年纪50岁以上的老师与学生在路上相遇、在校园里相遇、在课下交谈；

（2）年龄30岁左右的青年教师与学生在路上相遇、在校园里相遇、在课下交谈。

训 练 指 导

教育目的

让学生体察老师的责任、权利和义务，体会老师的艰辛与幸福，从而更好地理解和尊敬老师。

主题分析

在学生的生活中，除了父母之外，老师就是学生最熟悉和亲近的人，与老师的交往因此也成为学生的人际关系中很重要的一部分。但实际生活中，师生交往很难做到亲密无间，其中的原因也有很多。本课要带领学生剖析师生当中常见的心理障碍，让学生坦然地与亲爱的老师自然而融洽地交往，不仅理顺自己人际交往中的一大部分，而且在师生交流中促进自己的完善和成长。

训练方法

判断法；角色扮演法。

训练建议

1. 呈示给学生一些常见的师生交往出现障碍的心理原因，分别加以评判正误，并一起讨论"为什么"；

2. 用角色扮演的方法，让学生把自己替换到教师的位置上，体会教师在日常生活中对师生交往的另一方面的感受，从而认识到密切师生交往的必要性和可能性。

接受别人的帮助

训练内容

情感共鸣

曾经有两个从无交往的名家，甲非常想与乙结识，可素闻乙对他很有意见，甲想了想，硬着头皮先写封信向乙请教几个乙颇为拿手的问题。甲做好乙大加讽刺或不予理睬的回应，不料乙非常热情地向甲详加指点。于是，一来二去的互相交流，很是投机，终于成为好朋友。

故事到此为止，我们分析一下乙的心理和甲的高明。乙可能欣赏甲的谦虚，觉得自己被甲看中，心情甚为愉快，甲则为乙找到很有面子的给予自己帮助的机会，率先巧妙地递出了友好的信号。

很多时候，我们不习惯自然地接受别人的帮助，觉得这样有失身份或尊严，或者觉得受人恩惠会受人牵制像俗话说的"吃人

嘴软，拿人手短"。其实，像故事中甲这种主动地寻求帮助常是打开交往僵局的秘方，而适时地接受别人的帮助也是成功地进行人际交往的一把精致的钥匙。

认知理解

人际交往讲究的是双向的来来往往，当你有困难时，不妨自然地接受别人真心的帮助，再真诚地答声谢，双方对视一笑，一次很好的交往历程，等你有机会有能力时，你自然会拔刀相助的。所以，接受帮助是种友好的表示。

不用顾忌开口求助，"人"字的结构本来就是相互支撑，不用惶恐地拒绝别人的主动帮助，他（她）的一片好意固然白费，你们之间也会出现尴尬场面。

放下你的顾虑，坦然地接受别人的帮助，别假装客气地硬挺着，你不仅会让对方觉得自己的好意被接受，也让对方体会到助人的快乐，还会为自己潜移默化地形成要助人的习惯，还会由此开始交识一个朋友，当然，最后你要加句"谢谢"。

当然，我们要自立，尽量不给别人添麻烦，只要别把接受别人的帮助变成专门依赖别人即可。

操作训练

1. 角色扮演

你马上要出国上学，可家境有了些不幸，你手上很缺钱花，你的朋友们也不富裕，可他（她）们都要来帮助你，你很不好意思，一再拒绝，最终接受。

要求：体会"你"由拒绝到最后接受的心理感觉；"朋友们"则体会由被拒绝到最后接受的感觉；具体台词发挥想象力自创。

2. 讨论：怎样辨别他人的帮助是否真心？他人的帮助能否在

中学生人际交往指南

你真心接受的促进下由假意变真心？

3. 课后作业：列一份认知反驳表，表分两栏，左边填上自己平时拒绝别人帮助时常有的顾虑，右边栏目相应地填上反驳的理由。

训 练 指 导

教育目的

让学生学会在人际交往中接受他人的好意，更顺利地与人交往。

主题分析

"接受"，也是一门人际交往的技术，恰当地接受别人的帮助或其他好意，不仅会打开两人交往的第一篇章，而且会让双方都感觉良好——因为双方都作出了友好的表示。中国有一种"无功不受禄"的传统，很多人在与人交往时不习惯接受别人尤其陌生人的帮助，常见的心理顾虑有"给予对方的动机是什么""我如何回报""受无深交之人的帮助很不好意思"等。本课将一一打消这些顾虑，训练学生学会以受人帮助的形式与人友好交往。

训练方法

角色扮演法；讨论法。

训练建议

1. 让学生按课本中设置的情感扮演相应的角色，让"演员"们自创台词，并让观众猜测相应演员当时的心理感受，然后再让"演员"自己谈谈当时的实际感受。

2. 讨论一些问题，进一步了解如何在与人交往时恰当地"接

受"？

3. 指导学生课外做一份认识作业，一边列出自己不接受他人好意时的顾虑，另一边相应地列出反驳理由，——把顾虑驳倒。

微笑的力量

情感共鸣

有一个人，他觉得自己没有一个朋友，周围的人对他都是冷冰冰的，他很苦恼。

有一天，他看到有一位老人，不但精神很好，而且很快乐的样子，他就去询问有没有秘诀，老人说："当然有了！"于是就伏在耳边对他说了一句话，他听了很是诧异，但看老人那坚定的表情，他又不得不信。

于是，从第二天开始，在清晨的时候，他就对每一个迎面过来却又陌生的行路人微微笑一笑。起初，别人都对他投来怪异的表情，他几乎要退缩了，可想起老人的话，他坚持下来了。不久，他发现，人们脸上僵硬的线条柔和了，嘴角也有了笑意。再后来，对方也开始微笑了，大家见了面彼此打声招呼。再往后，他也就有了许多朋友。在单位，他也成了一个受欢迎的人。

你想知道老人的秘诀是什么吗？其实很简单，"微笑是交往最好的良方，只要你对人笑，必有回报！"

赶紧检查检查自己，是不是在忙碌的学习生活中，我们已渐渐淡忘了微笑？

认知理解

微笑，是一种无声的语言，它显示出魅力与涵养。一个微笑，给人带去亲切的感觉；一个微笑，加深了彼此间的感情；一个微笑，化解了双方的矛盾。

微笑，是好感的象征，它代表了友善、亲切、礼貌与尊重。它不用花什么力气，就能使人浑身舒畅。

微笑，是人际关系的润滑剂。凡是经常面带微笑的人，他往往不说话就能将别人吸引，使人感到愉快，一个人如果总是面带微笑对待一切人和事，那他总会赢得朋友们的尊重和喜爱。微笑，可以化解人际交往的尴尬，可以应对居心叵测的人的故意刁难，可以为你带来远比金钱更重要的财富。

充满关怀的微笑，宛如一句温馨的话语，使人感激；充满善意的微笑，宛如一杯甘醇的美酒，使人酣畅。能够直接将好感、善意、关怀及尊重表达出来的，只有你的微笑。

有人说：抬起头，向人们微笑，你就已经面向成功了，有时微笑能将你带到人生的巅峰！

既然你已懂得了微笑的魔力和价值，何不用微笑打开被封闭的心扉，只要你培养成微笑对人的好习惯，你就能广结善缘，事事顺利成功！

操作训练

1．培养你的微笑，在家里面对镜子训练自己的微笑，也可能你不能一下子从心底笑出来，那没关系，你只要做出微笑的表情，久而久之，就能很自然地浮现出笑靥，不要犹豫，只有做了才知道！

2．评选班级内最快乐的人，请他（她）谈谈自己的体会，然后分小组交流，谈谈自己的经历与感想。

3．角色扮演，通过小品等活动，从中体味微笑的魔力。

4．从现在开始，对你身边的每一个人开始微笑，为自己的心路历程写一篇感想！

训练指导

教育目的

1．通过活动，使学生懂得情绪与人的关系。

2．学会情绪的自我调控，始终笑对人生，建立良好的人际关系。

主题分析

在人的心理活动中，情绪变化是最为活跃与敏感的因素，所以情绪变化足以影响一个人的行动。在人与人的交往中，如何保持自己的良好情绪是非常重要的。融洽的人际关系是心理健康的一种表现，也是心理健康的促进剂，有许多人为自己不能协调处理人际关系而苦恼，苦苦追求一些所谓的技巧。其实，他们往往忽略了一些小事。微笑，一个细小的动作，却能显示出无穷的魅力，微笑是人际关系的润滑剂。你笑对别人，就会赢得朋友的尊重与喜欢，你笑对人生，就会赢得人生的成功！

训练方法

实际训练法；角色扮演法；活动法。

训练建议

1．通过实际训练，培养学生微笑的习惯。

2．通过角色扮演，评选最快乐的人等活动使学生加深微笑意义的理解。

3．让学生形成书面小结，写出自己的感想和体会。

我要说"不"

情感共鸣

郭冬临是我们大家都比较喜欢的一个小品演员，春节联欢会上那个凡事都是"有事您说话"的胖子，你还记得吗？

对，为了结交朋友，为了显示自己的能力，为了赢得别人的好感，别人有什么事有求于他，他不会拒绝。同事让他弄几张卧铺票，他本来没什么门路，可是他不会拒绝，于是晚上扛着被子去排一夜的队，才好不容易交了差，结果因此患了重感冒，工作也受到了影响，他下定决心下次一定要拒绝办此类事情。可恰在此时，领导上门要托他"弄"票，他说不出"不"，只好又扛着被子去火车站排队了……

在现实生活中，你是不是也遇到过类似的无奈，你拒绝了吗？

认知理解

在人际交往中，人不仅有社会性，也有独立性。理解与关心、合作与合群等都是主要的、必需的。但是，许多人在人际交往问题上存在一个误区，就是过分考虑外界与他人的需要，而压抑或违背了自己的正当需要，失去了自己的独立性。或表现为过分怕失去朋友，从而在人际交往中处于一种小心翼翼的状态。他其实并不了解人际交往中的技巧，久而久之竟成了心理问题。

其实，每一个人都具有拒绝他人的权利，都有权利说"不"。因为只要你的拒绝是真诚的、正当的，就会得到别人的理解，并不会因为拒绝而损失什么。如果不会拒绝，你就不是一个全面的人，而会成为一个不情愿的奴隶，不断地屈服于别人的要求和愿望。

当你想要说"不"的时候，是否常常说了"是"呢？你是否怕伤害了对方的感情？你是否常常匆匆忙忙，几乎像自然反射一样地说了"是"，随后又后悔自己这样说？你是否常常自己不会拒绝，而又为此唉声叹气，弄得别人把同你相处当成一种负担呢？如果这样的话，他们就会越来越对你不满，他们对你的喜爱之情也要减少和消失。

无论别人要你做的事情是偶然一件微不足道的小事，或是对于你所关心的人至关重要的大事，但请你要记住，你在同他们交往时，你都具有拒绝的权利。这样，他们才会考虑你的需要。

古希腊著名哲学家毕达哥拉斯曾这样说："'是'和'不'这两个最简单、最熟悉的字，是最需要慎重考虑的字。"

操作训练

1. 请同学回忆一下自己过去所经历过的，认为应该拒绝而没

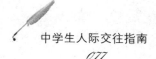

有拒绝或想拒绝却没有成功的事例，然后再想一想，如果有机会重新面对这件事，要想拒绝，怎么办才好呢？把所想到的办法都列出来。

2. 小组活动，同学间互相交流一下。

3. 角色扮演活动，由两人模拟当时的情景，再重新做出拒绝的反应，勇敢地说"不"，而另一个人设身处地地体会被拒绝的体验和反应，然后二人交换角色，而其他同学作为观众进行评判。结束后大家在一起就此事讨论，分析什么时机，怎样说"不"。全班之间就不同的事件交流，总结经验和教训。

4. 学习拒绝的技巧，当然，拒绝的时候要因人、因事、因时、因地而异，但从中也是有一些原则可遵循的。

（1）不要总把自己当作一个小孩，你现在说"不"是你的权利，不会因此受到责骂或被人看不起。

（2）说"不"的时候要友好、简明、坚定。这样，你就不言而喻地表达了这样一个意思："我的话已经说完了，没什么可商量的了。"

（3）说"不"的时候，要注意自己的表情和姿态，说话的时候要看着对方的眼睛，态度要友好，这能表示你的自信，否则可能带来不愉快的后果。

（4）不要多做解释，如果你讲好多理由解释你做出的决定，找理由说明它对不对，可能使对方产生错觉。

（5）给自己一段考虑的时间再做决定，可以微笑地告诉对方："我想仔细考虑一下，然后很快答复你。"

（6）幽默拒绝法，如同学让你帮他做作业，你可以回答："好，把你的作业本拿过来吧，不过这样，我的作业来不及做了，你把我的作业做了吧，我的作业本给你。"

（7）人瓮拒绝法。罗斯福的一位朋友向他打听一个秘密，他悄悄问："你能保密吗?"朋友连声答："能，我不会告诉任何人。"这时，罗斯福说："你能保密，我也能。"朋友无话可说。

（8）建议拒绝法，不直接拒绝，而是另外给他提一个建议。

训 练 指 导

教育目的

1. 使学生认识到在人际交往中每个人都有拒绝的权利。

2. 学会拒绝的技巧。

主题分析

在人际交往中，人不仅有社会性，也有独立性，可是许多人在与人交往中为了维护他人的需要，而丧失了自我，或极端与人对立，结果都不能很好地处理与他人的关系，给自己造成很多麻烦，甚至会形成心理问题，其实，每一个人都具有拒绝他人的权利，都有权利说"不"，只要他的拒绝是真诚的就会得到别人的真诚理解，并不会因为拒绝了别人而失去什么。但是，恰当拒绝他人是一种艺术，即说"不"是需要技巧的，需要讲究策略的，因而需要训练、学习。

训练方法

讲解法；角色扮演法；活动法。

训练建议

1. 通过讲解使学生了解人际交往中每个人都有拒绝的权利，但是说"不"的背景应符合社会道德及个人正当需要等，与个人主义和自私自利思想等是不同的。

2. 给学生提供一个思考和实践的机会，学习拒绝的技巧。

3. 人际交往中的技巧很多，让学生互相交流，自己摸索出一些说"不"的方法。

4. 让学生做出小结，写出体会。

朋友最珍贵

情感共鸣

以前的孩子，经常在一起玩一种"沙堆城堡"的游戏。每一个小孩都堆一个城堡，并且极力维护着自己的城堡，愈堆愈高，愈围愈大，而且还绝对不许别人来碰；要是一不小心弄倒了别人的城堡，对方总是又哭又叫吵个不休。可是天黑了，每个小孩都会各自将自己的城堡推倒，高高兴兴地回家去了。

其实，在每个人的生命里，都会塑造一个属于自己的城堡，而且也是绝对不允许别人来侵犯的。

幸运的是，小孩的城堡到了天黑就各自推倒，手牵着手高高兴兴地回家去了，因为他们知道，朋友才是最可贵的。

亲爱的同学们，在我们有生之年，何不敞开自己的城堡来接纳别人呢？那你我的城堡，又岂止一个！

认知理解

人一生的成长、发展、成功、幸福，是与他人的交往与关系相联系的；人一生的愉快、烦恼、快乐、悲伤、爱与恨等，也同样是同别人的交往和关系分不开的。没有同别人的交往与关系，也就没有人生的悲欢离合。可见，由正常的人际交往所建立的友谊，是生活的基础，是人的基本需要，是心理正常发展、个性保持健康的必要保证。

1977年，心理学家克林格做了一个广泛的调查，当人们被问到"什么使你的生活富有意义"的时候，几乎所有的人都回答，亲密的人际关系最首要的，其重要性远远超过了成功、名誉和地位，由此可见，友谊在人心理意义上的重要性。

友谊对于青年人来说，更具有重要意义，包括：（1）友谊可以促进人际交流，掌握大量信息。（2）良好的友谊能使人身心愉快，提高学习、工作效率。（3）能促进良好个性的形成，好朋友之间不仅是认知、情感的相互交流，而且也是个性相互影响的过程。

友谊是纯洁的、美丽的、令人向往的，可是如果你在友谊方面暂时失败，请不要急于下结论，不要丧失信心，不要走向极端，不要再也不相信任何一个人，你只是暂时没有友谊，但你还有父母亲人，还有你自己。要学会忍耐，忍耐是你生命的土壤，只要你坚持，友谊总会在这片土壤中发芽、成长、开花、结果。

操作训练

1. 生活中不能没有友谊，那你是怎样结交朋友，又是怎样对待朋友的呢？你的友谊类型是怎样的呢？下面的13道试题，请选择符合你的情况的答案。

（1）你结交朋友的主要目的是：

A. 以朋友多为自豪；

B. 多个朋友多条路；

C. 摆脱孤独感；

D. 寻求友谊与知己，充实生活。

（2）当朋友经常求助于你时，你是：

A. 为朋友看得起自己而高兴；

B. 能推则推或显得不耐烦；

C. 高兴时热情相助，不高兴时埋怨朋友不知趣；

D. 同朋友一起商讨摆脱困难的办法。

（3）当朋友做了对不起你的事情后，你是：

A. 佯装不知，继续交往；

B. 与朋友绝交；

C. 十分气愤，要朋友道歉；

D. 乐于听取对方解释，寻找消除隔阂的办法。

（4）当朋友的错误有可能波及你时，你是：

A. 与朋友一起大事化小；

B. 尽快避开这个朋友；

C. 听之任之；

D. 同朋友一起承担责任，并帮助朋友尽快认识错误。

（5）当你发现朋友的严重缺点后，你是：

A. 佯装不知，不提不问；

B. 疏远朋友；

C. 继续交往，但有些不自在；

D. 开诚布公指出或请其他朋友转告。

（6）朋友要你参加你所不感兴趣的活动时，你是：

A．曲意相就；

B．借故推辞；

C．要求在活动中增加自己感兴趣的内容；

D．直言相告，坦率推辞，请求对方谅解。

（7）当你同朋友发生争论时，你是：

A．迁就朋友；

B．转移话题，心存芥蒂；

C．一不做，二不休；

D．表明观点，适可而止。

（8）对于成绩比你好、名望比你高的朋友，你是：

A．引为自豪；

B．格外热情甚至言听计从；

C．反而有些冷淡；

D．尊重对方，但保持自己的独立性。

（9）你对朋友说心里话，是因为：

A．尽朋友的义务；

B．有求于朋友而不能不说；

C．朋友对你说了心里话；

D．互相信任。

（10）你同知心朋友的关系，大多是通过下列途径建立的：

A．朋友感于你的热情；

B．朋友有助于你；

C．性格相合；

D．志趣相投。

（11）你和朋友疏远的主要原因是：

A．对方疏远你；

B．对方难以满足你的要求；

C．你的性格常使朋友不快；

D．志趣各异。

（12）多数朋友对你的看法是：

A．够朋友；

B．难以捉摸；

C．个性太强；

D．可以信赖。

（13）对于你的心理，多数朋友：

A．一目了然；

B．一无所知；

C．一知半解；

D．一叶知秋。

答案或说明：

在上述13个问题中，如果你的回答多数是A，说明你对朋友热情直率，你的知心朋友不会少，但有时不免流于义气。如果你的回答大多倾向于B，说明你对朋友不坦率，甚至有些虚伪和自私，你的知心朋友一定很少。如果你的回答以C居多，说明你对朋友的态度常随情绪而变化，别人对你的深交要在了解你的脾气以后，而这看来并不容易。如果你的回答多半不离D，说明你能理智对待朋友，你的知心朋友不一定很多但彼此的交往很深，四种友谊类型如下：A．义气型；B．利己型；C．情绪型；D．理智型。

做完问卷，想一想自己在与别人的交往中还存有哪些问题，怎样改进。

2．办一个故事会，每一同学都找一个关于友谊的小故事，可以是名人轶事，也可以是发生在身边的真人真事，或者有关友谊的名篇佳句。

3．搞一次小小征文，"假如生活中失去了友谊将会怎样"并组织讨论。

训 练 指 导

教育目的

1．使学生认识到友谊是人的基本需要。

2．学生了解自己的友谊类型，指导今后的交往行为。

主题分析

高中生逐步走向成熟和独立，但他们同样渴望有人能够了解自己的内心感受，分享自己的喜怒哀乐。就在这种渴望自由与需要支持中他们彷徨、挣扎。友谊是生活的基础，是心理正常发展、个性保持健康的必要保证，是人际交往的最终结果。在人际交往中，友谊是分为不同类型的，我们要寻求并保持适合自己的友谊类型，理智对待朋友，保持正确的友谊观。友谊是纯洁的、美好的，当我们播插下友谊的种子时，更需要我们用"心"去浇灌，不但丰富了人生，同时也丰富了自己！

训练方法

问卷测验法；活动法；作业法。

训练建议

1．让学生通过问卷自测了解自己的友谊类型，教师通过分析不同类型的特点，使同学加深对友谊的理解和认识，以纠正自己

在人际交往中的偏差。

2. 让学生自己讲故事，自己评价，引起感情上的共鸣。

3. 让同学思考："假如生活中失去了友谊将会怎样"并写出自己的感受。

交友的艺术

情感共鸣

明伟是一个典型的热心肠的人，什么事他都要过问一番，且有着打破砂锅问到底的劲头。同学病了，他不但问寒问暖，还非得问个究竟；同学不高兴了，不愿意说话，可他却总是问个不停。他就像一个影子，给人一种挥之不去的感觉。久而久之，同学反而和他疏远了，为此他苦恼不已。

其实，朋友之间还是有点距离的好，否则大家在一起有一种被透视的感觉，就会很不自在。汪国真有一首诗《熟悉的地方没有景色》："即使远方的风景，并不尽人意，我们也无须在乎，因为这实在是一个迷人的错，到远方去，熟悉的地方没有风景。"

看来，交朋友也是一门艺术，只要用心去体会，你就会有好人缘。

认知理解

好人缘，是每个同学都向往的。可是，你总会发现，人与人之间是存在很大差别的。同样是外向性格，却有人非常受欢迎，有人却朋友少得可怜，其中有什么秘密吗？下面这个表格是心理学家的一个研究结果，尚且管它叫作"人缘之窗"，也许对你改善有关人际关系的理念有所启示和帮助。

	人知	人不知
已知	公开的领域	秘密的领域
已不知	盲目的领域	潜在的领域

心理学家把个体的心理状态分成四个构成部分：第一部分是人知己也知的公开的领域，比如外貌、性别等信息；第二部分是人不知己知的秘密的领域，比如你在日记中不为人知己也不愿人知的心事；第三部分是人知己不知己盲目的领域，比如你尚未察觉到但别人已经意识到的你的缺点；第四部分是人不知己也不知的潜在的领域，比如你的潜力。

人缘的秘密在于将公开的领域扩大，这就需要将秘密的领域和盲目的领域进行转化，将他们转化为公开的领域。另外，你要抓住机会开发潜在的领域，既能够增进对自己的了解，又能够提升自信心，培养积极、开朗、乐观的心态。试想，谁都愿意与一个无忧无虑的人打交道，而有谁愿意与一个患得患失的人交朋友呢?

总之，请记住，好人缘的一个重要的秘密在于：逐渐致力于扩大自己和朋友之间的公开的领域，努力减少自己秘密和盲目的领域，有意识地开发自己潜在领域，这样，你一定会高朋满座的。

操作训练

1．请同学列出你所认为的在班级内最受欢迎的人，并至少列出三条原因，由老师归纳总结受欢迎的条件，全班进行讨论，由同学分别谈自己的感想。

2．由老师设置情境，由同学扮演其中的角色，看他们如何应对事件的发展，由同学评价，说说是否有其他办法，如有一个朋友要向你倾吐一个秘密，你会怎么办?

训 练 指 导

教育目的

通过本课学习，帮助学生认识到"好人缘"有哪些特征，怎样去做才能"拥有好人缘"。

主题分析

影响人际交往的因素有很多，其中不可忽视的一点就是人际吸引力。人际吸引力也决定了为什么有些人成为人际交往中的"人缘儿"，有些人则成为不受欢迎者。在人际交往中，吸引人的除外貌、家庭、受教育程度等外在条件外，更主要的是积极的交往态度、交往习惯、交往能力及良好的个性品质等内在条件。所以本活动应着重于使学生认识到所谓"人缘儿"有哪些令人欣赏的特征，从而有意识地改善和增进自己的人际吸引力。

训练方法

讨论法；角色扮演法；问卷自测法。

训练建议

1. 通过活动提高学生的认识，帮助他们树立培养积极的人际关系的态度。

2. 对"人缘儿"的好坏让自己通过讨论来做出评判标准，教师不要做学生之间好坏的比较。

3. 教师组织好同学间的角色扮演活动，事件选择有代表性。

向祖辈学习

训 练 内 容

情感共鸣

宁铂，江西人，才智出众，14岁就考上了中国科技大学少年班，在全国曾引起轰动。宁铂少年有为，与他的家教有方分不开，特别是奶奶的耐心教育。

宁铂小时候最喜欢听故事，奶奶就是用讲故事哄孩子睡觉的。小宁铂有个特点，就是对好听的故事百听不厌，讲过一遍还要再讲，讲呀，讲呀，讲得奶奶都累了，可是奶奶总是有求必应，不厌其烦，宁铂听了故事还要提问题，月亮上还有谁呀，星星为什么一闪一闪的呀，真有提不完的问题，奶奶也从不嫌烦，尽其所知给予适当的回答。家里的其他人也像奶奶那样耐心回答宁铂的提问，使他的好奇心不断发展，六七岁就看医学书，八九岁学天文，终于成为当时我国最年轻的大学生。在他回忆自己的少年时代，总也忘不了奶奶对自己的关怀和帮助，在奶奶身上他学到了很多东西。

认知理解

家，给人以温暖，给人以安慰，我们就是在家庭中长大，在家庭中丰满自己的羽翼，准备振翅高飞。大多数人注重与外界的沟通，渴望拥有更多的朋友，向往温馨的友情和浪漫的爱情，而恰恰忽略了我们身边的、最持久也最深情的亲情。

亲情，我们更多投注给父母、兄弟、姐妹和爱人，而忘了同样赋予我们生命的祖辈们。现如今，随着独生子女的增多，往往是几个人围着一个孩子转，而学会和祖辈和谐交往，无疑对家庭生活，对孩子的心理健康成长是一剂很好的催化剂。

祖辈经历了人生几十年的风风雨雨，人生经历的不同可能会造成心态的不同。可能有的会保守、怀旧、多疑、反应不灵活等，可是在他们身上同样具有沉稳、周到、有条理、谨慎、经验丰富、判断准确等特征。从他们身上我们可以学到很多东西，所以说，与祖辈的人际交往才是一门真正的艺术。

操作训练

1. 回忆自己成长过程中祖辈们（包括爷爷、奶奶、姥姥、姥爷）对自己影响深刻的事件，找一找他们身上有哪些优点？哪些缺点？自己在对待他们的态度上有什么不足？

2. 给自己的祖辈们写一封信，谈谈你的真实想法，你想怎样与他（她）们更好相处，并听听他（她）们是怎么说？

3. 组织同学排演两个不同的小品，一个为祖孙互敬互爱，和睦相处；一个为对祖辈不敬，家庭中存在许多矛盾。让同学们观后发表感想，并讨论该怎样做？与祖辈相处的技巧、方式有哪些?

4. 课后作业：如果你的祖辈与你父母之间发生矛盾，错在父母，你该怎么办？错在祖辈，你又该怎么办？

训练指导

教育目的

使学生正确认识自己与祖辈的关系，理解祖辈、尊敬祖辈、向祖辈学习。

主题分析

人与人之间的交往，可以分为许多种，朋友之间、同学之间、师生之间、亲子之间等等，当然也包括这里所要说到的祖孙辈之间的交往。在现代社会，这逐渐成为一个引起注意的话题。因为随着独生子女的增多，每一个家庭都是几个大人围着一个孩子转，造成孩子任性、自理能力差、自我中心、意志薄弱、对长辈不尊敬等特点。其实，在长辈身上我们可以学到许多东西，他们经历了几十年的风风雨雨，总结了宝贵的人生经验，这是一笔财富，与长辈和睦相处，不但有利于青少年身心健康成长，也是家庭生活的促进剂，我们要让他们理解长辈、尊敬长辈、向长辈学习！

训练方法

讨论法；作业法；角色扮演法。

训练建议

1. 让学生回忆自己祖辈对自己产生哪些影响，检讨自己以往对待祖辈有哪些不好的地方，以加深他们对祖辈的理解。

2. 指导学生写好给祖辈的一封信，最好听取反应如何，让学生思考怎样才能更好与祖辈交往。

3. 指导学生排演好小品，引发他们的思考，组织同学讨论，制定自己的相处准则。

重要的第一印象

情感共鸣

下面我们来做一个小测验，有如下数列：0，2，4，6，8……，请尝试说出这一数列的规律。

你可以试着说出下一个数，我可以给出你所说的数是否正确的反馈，直到你在反复尝试和获得的反馈中确定自己已经找到了真正的规律。

你会怎么做呢？大概你会说："接下来的数可不可以是10?"回答是可以，你又问："再接下来12?"又回答可以……就这样，几次之后，你很快会认为自己找到了规律——这是一个偶数列，即后面的数总比前面一个数大2。

如果我告诉你，回答错了，你会怎么想？其实这个数列的真正规律很简单，仅仅是"后一个数比前一个数大"，相信做对的人

不会很多。因为大家光想到了去证实自己的想法，而没想到去证伪，如果你试一试"13、15"等其他数的话，你也许会找到真正的规律，这就是第一印象的心理在作怪。

在人际交往中，又何尝不是如此呢？那就赶快行动起来，为自己准备好人际交往中的第一张通行证！

"良好的开端是成功的一半"。而在人际交往中，第一印象这个开端好坏与否，往往决定了今后交往的"命运"。

心理学家认为，第一印象往往是非常强烈鲜明的，并且成为正式交往的重要背景。初次印象包括：相貌、服饰、谈吐、举止、神情等等。对于感知者来说，是完全陌生的，所以对感官的刺激也比较强烈，从而留下深刻印象。这如同在一张白纸上，第一笔抹上的色彩总是十分清晰的。当然，人际交往还是要靠日积月累的深刻了解。但在你的生活中，并不可能与每个人都长时间接触，不可能每个人都有充分的时间了解你，更多的时候是靠第一印象为你编织人际关系网。

在日常生活，不少同学往往不太注重"第一印象"。与朋友初次见面，衣着随便，随心所欲，不懂礼节，不打招呼，谈吐放肆，漫不经心；或是过分拘谨，面红心悸，言语吞吐，而这些都可能破坏"第一印象"。所以，在人际交往中，必须注意仪表、谈吐、行为举止等这些第一要素，为交往铺下良好开端。

良好的第一印象是一把无形的钥匙，可以打开任何人关闭的交往大门，就让我们从第一印象开始，从心灵走向心灵！

操作训练

1. 学会观察，找一个能观察陌生人的场合，如校园内、百货商店或观察新老师等等，让每个同学都对一个陌生人实施观察5分钟，注意要仔细观察容貌、衣着、谈吐、举止等情况，然后进行判断、分析、推理，对他的身份、年龄、性格各方面情况做一个推测，并将观察结果与分析判断写在纸上，格式如下：

观察到的现象　　　判断　　　理由

然后同学将结果进行交流，看哪些不同，哪些相同，可展开争论，有可能的话去证实一下真实情况，看看你对了多少。

2. 请两个陌生人与同学见面，每人自我介绍三分钟，注意安排好对比性的差异，让同学们谈谈自己对他们的第一印象如何？他们是否愿意与这两个人交往？为什么？

3. 班级内开辩论会。

正方：社交第一印象不容忽视。

反方：社交第一印象并不重要。

辩论会结束后全班进行交流。

4. 训练自己的良好的第一印象，每天清晨出发前，对着镜子，看看自己的服饰、外表，然后轻松地笑一笑，充满信心地上路。

训 练 指 导

教育目的

1. 使学生认识到人际交往中第一印象的重要性。

2. 学习与人进行人际交往的技巧，建立良好的第一印象。

主题分析

俗话说"路遥知马力，日久见人心"。在交朋友时，必须经过长时间的了解、磨合、互相体谅、互相帮助，才能交到真正的知心朋友。可是，不可否认的是，与人初次见面的第一印象在我们

选择朋友时占据了很大的因素。对一个衣装整洁、举止得体、言谈有趣的人，我们难免会引起进一步交往的欲望。而相反，对一个衣着随便、不懂礼节、谈吐放肆或过分拘谨的人，我们就放弃了进一步交往的想法。所以当你给别人留下了一个不好的第一印象，想改变就不容易了。可许多高中生朋友没有很好地意识到这一点，在人际交往不利时，不去检讨个人的原因，而是怨别人，我们要通过本课的训练，让他们掌握一把敲开交往大门的金钥匙！

训练方法

观察法；讨论法；实际训练法；辩论法。

训练建议

1. 让学生分成几个小组，几个人共同观察一个对象，以比较第一印象的重要性，在课上再组织同学讨论。

2. 在安排陌生人与同学见面时，选择有相反代表意义的形象，进一步加深同学对第一印象重要性的认识。

3. 组织班级辩论会。

4. 向同学讲解一些应该注意的地方，培养自己良好形象，在社交中给别人留下良好的第一印象。

君子之交淡如水

情感共鸣

有些朋友很平淡，不是指人而是指关系，但你却缺少不了他，杰就是这样的一个朋友。我和杰同学六载，又共事六载，他属于特别沉稳特别有主见的那种人，又很善解人意，就像罗切斯特眼中的简·爱，是专门听人秘密的人，使人一下子就对他掏出所有的心事，而我呢？小女人的"毛病"全占了，多愁善感，爱幻想，爱使性子……每当我遇事，杰就成了我的倾诉对象和高级顾问。

我们平日里虽然并非形影不离，难舍难分，也少了一些朋友间的欢呼雀跃和前促后拥。但我们彼此相互了解，并有一种无言的默契。彼此需要对方时，毫不犹豫地告诉对方，对方也会毫不犹豫地全心全意帮助你，即使彼此相隔甚远，但我们的心却连在一起，贴得很近。

后来，杰去了海南，我们在车站告别，彼此微笑着挥手，眼里却满眼热泪，开始的几年里，我们还不断写信，了解对方的信息，交流生活际遇和感受。后来，由于生活繁忙我们在不知不觉中失去了联系，但在生活中，我会触景生情，不断地想起杰。每每到各种节日，我也会想起杰，想他会怎样呢？我想杰也会像我一样。我们的友谊是平淡的，但我们却是永远的朋友，终生的朋友。

认知理解

人人都想得到真实可靠的朋友，得到永久的朋友，但什么样的朋友才是永久的朋友呢？真正的朋友了解你的优缺点，了解你的性格，爱好和特点，并能够正确的认识你的一切，更重要的是他能够接受你的所有特点，欣赏你的长处，而能够原谅你的小毛病，并帮你不断改正你的不足，真正的朋友一定程度上是心心相通的，不是做给别人看的朋友，不一定如漆似胶，不一定事事维护你，不一定处处恭维你，但他能在你需要他的时候自觉地来到你的身边。这样的朋友也许看起来关系平淡一些，而这样的朋友才是真诚的朋友，知心的朋友，当然也定是永远的朋友。

操作训练

自我小测试：朋友知多少？

以下测试由一些选择题组成，请你根据自己的实际情况，如实选择：

1. 你的朋友借东西总是有借无还，现在他向你借一件贵重的物品，你：A. 借给他；B. 告诉他你没这东西；C. 拒绝他并告诉他为什么。

2. 你知道了某位朋友的一个小秘密，你：A. 把它告诉别人，

并让那人不要外泄；B．不提名字地告诉别人；C．守口如瓶，深藏不露。

3．你的朋友开始同某个你不喜欢的人交往，你：A．不再与他交往；B．保持平静，继续与他交往；C．让他必须在两者之间选择，只能保留一个。

4．你的朋友不小心打破了你的一件心爱的收藏品，你：A．告诉他必须赔偿一个；B．要他赔钱；C．不要他赔偿，但批评他粗心大意。

5．你认为一位挚友应该：A．对你知无不言，无话不谈；B．对你说你想了解的事；C．可以保留自己的思想和问题不说。

6．当你意识到某个朋友将卷入麻烦之中，你：A．同他及时断交，以免殃及池鱼；B．坦诚向他挑明，并给出自己的感受和建议；C．友好如初。

7．向朋友借钱的时候，你一般会：A．直截了当地向他提出；B．理直气壮地张口就要；C．咬咬嘴唇，难以启齿。

8．你知道朋友需要钱，你也有能力借给他，你会对他说：A．拿着吧，否则就是瞧不起我；B．你多次帮我的忙，相比之下这算什么；C．你拿着吧，就当你替我自己攒的。

9．你的朋友穿上新装兴冲冲地来见你，但你认为并不合体好看，你：A．直言不讳，告诉他你不喜欢；B．说出不喜欢的感觉并解释理由；C．什么也不说。

10．一般而言，你认为你的朋友：A．比你聪明；B．没你聪明；C．智力差不多。

计分方法：

1．A1；B2；C3。　　2．A1；B2；C3。　　3．A2；B3；C2。

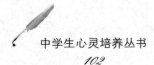

4.A1；B2；C3。　　5.A1；B3；C2。　　6.A1；B3；C2。

7.A3；B1；C2。　　8.A2；B3；C1。　　9.A1；B2；C3。

10.A2；B1；C3。

结果分析：将各题得分相加，得到总分数。总分21~30分：你不一定有太多的朋友，但他们大多真诚可靠，你们互相尊重和信任。如果你有困难需要帮助，这些挚友会招之即来的。总分15~20分：你会有一批朋友的，但要增加真正好朋友的数量，得继续努力，你要学会设身处地为别人着想，增进对别人的了解和理解。首先正己，才能服人。总分10~14分：如果你有朋友的话，也不过是相互利用，靠利益维系的那种朋友，关心自己超过关心他人的人是难以维持一种真正长久的友谊的，你能暂时利用别人，但当别人觉察真相时，就会离你而去的。

训 练 指 导

教育目的

使学生懂得什么样的朋友才是真正的朋友。

主题分析

中学生除了关心学习以外，最关心的就是朋友问题了。由于他们的生活经历比较简单，接触的人也比较有限，所以，每个中学生都非常珍视自己的朋友，朋友之间发生的一点点小事对于他们来讲都是"重大事件"。因朋友间的一点小矛盾也会导致他们心神不宁，甚至几天不能安心学习，直到矛盾解决为止。但是，有很多中学生又不理解究竟什么样的朋友才是真正的朋友。有时甚至错认为"哥们义气"就是朋友，其实这是不对的。目前，在中学生中，尤其是男同学为讲义气而引起打架斗殴的也为数不少。

因而，在中学生时期，教师一定要使学生理解什么是真正的友谊，什么样的朋友才是好朋友。

训练方法

讨论法；测验法。

训练建议

1．组织学生讨论：你认为什么样的朋友才是真正的朋友？根据学生的发言，教师不断给予评价，肯定正确观点，纠正错误观点。

2．本课的难点在于纠正学生不正确的交友观。

3．教师要指导学生深入理解教材内容。

父母的情人节

情感共鸣

在家里养尊处优地过了一个寒假，我开始收拾返校的行李，妈妈开始为我准备吃的、穿的、花的和用的。

2月14日，一大早爸妈一起送我去车站，忽然我看见鲜花店早早地开了门，"哦，今天是情人节。"我拉拉爸爸那早已被沉沉的包裹折腾得不堪入目的大衣，笑着说："爸，今年是你跟妈结婚20周年，今天可是情人节，总得表示表示吧！"爸爸心不在焉地"嗯"了一声。"情人节？什么情人节？就你点子多？"妈妈又开始维护爸爸了。我使劲地摇头："不行！平时妈妈一年到头都辛苦得很，什么家务都包了，该让懒惰的老爸慰劳一下。"爸爸被我弄得无可奈何，我仍不依不饶，我说："第一，爸要送一块心形的巧克力给妈妈；第二，送一束鲜花表示对妈妈的爱。"爸爸一脸的不屑，"人没多大倒教训父母过情人节，有工夫多看看书吧。""书我会看，但情人节你们一定要过。"我坚定地说。

正说着，到了车站，我急匆匆地上车，车子徐徐地开动，我使劲地喊着："祝你们情人节快乐。"到校后，我匆忙地收拾好东西，已经是晚上八点多，我跑到楼下拨通了家里的电话。话筒里传来爸爸的声音："晓晓，一路顺利吗？一切好吗？""万事 OK。"我得意地说，"你呢？按我说的做了吗？""没有，"爸爸的声音很平静，"晓晓，我们父辈，感情不是鲜花和巧克力那样的浪漫。但我做了一天的家务活。你不常说，平平淡淡才是真吗？这种表达方式也不错吧？"我不禁有些发愣，没想到父母用这种特殊的方式诠释情人节，我被感动了，"妈呢？让她听电话。""不要了吧"爸爸低声说，"她一天闷闷不乐，偷偷地哭了好几次，总担心你，还唠叨着又要好几个月才能见到你，一跟你说话，她今晚肯定又要失眠。"我已经热泪盈眶，说声"好吧"便挂断了电话。

情人节，一个浪漫的名词，可对所有父母来说，这情，却不再仅仅是爱情，更多的，它包含了血浓于水的亲情。而这些，却不知有多少儿女能知道？

认知理解

父母是孩子的养育者，由于亲子之间的血缘联系，使父母与孩子之间有着无法割舍的亲子情结。同时，父母是孩子的第一任老师，长期的共同生活中，父母对孩子的潜移默化作用是孩子成长的基础。

每个父母都望子成龙，在孩子的身上花费了巨大的心血，但有些孩子对父母的百般呵护熟视无睹，他们不尊重父母，不珍惜父母给予他们的一切，甚至认为父母为自己服务是理所应当的。

这是大错而特错的，当然也有一些父母的教养方式不对而导致亲子间的交往、沟通出现障碍的，与父母沟通困难已成为中学生在生活中遇到的愈来愈突出的问题。

所以，我们应认识到父母对自己的关心和爱护是无私的，伟大的。我们要热爱父母，尊重父母，体谅父母，关心父母，因为父母是这个世界上最关心我们的人。

操作训练

1. 与父母谈心

回味一下自己与父母相处得怎样？找出父母对你的哪些言行令你感动，哪些言行使你无法接受；反省一下自己的优缺点。之后，与父母进行一次谈心，充分地表达自己对父母的看法，对家庭生活的感受，并且让父母开诚布公地指出自己的优缺点，对照一下自己的反思，毫无保留的表达自己的想法。

2. 讨论

和你周围的同学讨论：你们最喜欢父母的什么地方，为什么？你们最不喜欢父母的什么地方，为什么？父母知道吗？其实，父母因为工作比较忙，又要照顾家庭，也许没时间顾及你的想法，所以，你们应主动向父母说出你们的想法。

"我们应该怎样关心父母？"与同班同学讨论一下你们应该怎样体谅和关心每一位为了你们而辛苦奔波的父母。

训练指导

教育目的

1. 加深学生对父母的理解，要尊敬父母、关心父母。

2. 使学生知道父母对他们的爱是无私而伟大的，将来要回报

父母。

主题分析

小学生对父母亲非常依赖，对父母的话也言听计从，认为父母是世界上最了不起的人物。但随着学生身心的不断发展，中学生的独立意识突飞猛进，又有强烈的逆反心理，他们不再受父母的严格的要求和无微不至的关怀，事事都要突出自我的重要位置。而有很多父母又不甘心对中学生的权力下放，这样往往导致中学生与父母之间不能够很好地理解，甚至出现沟通障碍，人们往往把它称作代沟。实际上，亲子间的沟通障碍一般都是由于父母对孩子过多的关爱造成的，因为孩子把这爱当作一种束缚，一种压力，以至于想摆脱。而父母由于不了解中学生的心理发展规律，对孩子的种种表现，无法理解，脾气不好的父母甚至很恼火，因而，教师应该向学生讲清楚为人父母的心理以及作为中学生怎样去理解父母和关爱父母。

训练方法

经验交流法；认知提高法。

训练建议

1. 使学生明白这个世界上最无私的爱自己的人是自己的父母。

2. 本课难点在于教育学生在生活实践中很好地谅解自己的父母。

3. 培养学生学会在生活中为父母增添快乐。

我的空间

訓 练 内 容

情感共鸣

小西死死地盯着讲台上的那个红色的笔记本，暗下决心，一定不能让老师翻开它。

其实这本是一节难得的体活课，可只上到一半，老师就把大家叫了回来。原来，老师趁大家不在班级的时候，突然检查了同学们的课桌，在那里翻出不少小说以及与学习无关的东西。班主任等大家一回到自己的座位上就开始发脾气，现在也许是说累了，正坐在那里一本一本翻着看。

红色笔记本上的书越来越少。小西盯着班主任的手，心也越跳越快。怎么办？小西开始胡思乱想，班主任说过要尊重他人的隐私，当她发现是日记一定会还给我的。她的心里虽这样自我安慰着，可怎么也安静不下来。

班主任这时已经打开了那本日记，正一页一页地翻着，一点儿合上它的意思也没有。"不，不能这样！"小西终于鼓起了勇气站起来，红着脸对老师说："老师，那，那是我的日记。"

班主任停下了手，愣了一下之后，很快就用带有嘲讽的口气道："日记？怎么，我不能看吗？你是怕我看出本质来吧。"小西感到全班同学的眼睛齐刷刷地看着她，不禁有点急："老师，你不是说过要尊重别人的隐私吗？怎么你还……你不可以看的。"班主任依旧不为所动："小小的年纪就知道隐私啦？雷锋都可以把日记公之于众，你怕什么，你看你都写了些什么？"小西的眼泪唰地流了下来，班主任仍在数落着她，翻着日记。突然，小西竟跑上讲台，伸手要拿回自己的日记本。班主任吓了一跳："怎么，你还要抢吗？真是反了，再抢，我就把你的日记念出来。"所有的人都沉默了，班级里只能听到小西的哽咽声了。好一会儿，小西才回过神来，跑出了教室。

后来事情虽然过去了，班主任也原谅了小西的"鲁莽"举动，只是小西的脸上却永远失去了天真的笑容，失去了对班主任的喜爱与尊敬的神情。据说，那天晚上，班上所有写日记的同学都将自己的日记本藏在最隐秘的地方。从那以后，班上再也没人提起这件事。

认知理解

学生和老师之间的关系是学生人际关系中非常重要的一种关系。教师担负着对学生的教育职责，负责传授给学生知识，促进学生个性发展，培养同学成才的任务，学生则处于被教育的地位。因此，老师要爱护学生，关心他们的成长，并且给学生起模范和表率的作用。学生则要尊重老师，虚心接受老师的教导，老师和学生之间的和睦关系是成功教育的前提条件。

但师生关系并不总是处于上述理想状态中，正如发生在小西身上的日记风波，这很大程度上影响了学校教育效果。因而我们要以正确的心态，适当的办法来加强师生间的交流，建立起互尊互爱、和谐融洽的师生关系。

操作训练

1. 理解老师

老师的工作很辛苦。假想一下，如果自己是一名老师，准备一节课并把它讲出来给同学们听要付出多少心血。老师每天要备课、上课、讲课、批改作业、个别辅导学生、负责和组织班级的日常工作，教师还要照顾自己的家庭。老师真是太辛苦了，老师无私地把自己的知识教给学生，他们是不求回报的。所以，当老师由于一时心情不好或一些特殊原因偶尔做了伤害学生的事，大家要理解老师。

2. 师生同乐活动

组织班级活动，邀请各任课老师参加，分成若干组，一个老师和几个学生组成一组。与老师谈心，互相交换自己的想法，甚至对对方不满意的地方，或是大家一起表演节目，做游戏、唱歌、跳舞等。

3. 慰问老师活动

组织班级同学自己制作小礼物，如节日卡、生日卡、手工制品等送给每一个任课老师，向老师表达美好的祝愿，沟通师生间的感情。

教育目的

1．增强学生对老师的理解、尊重。

2．培养学生主动与老师建立起良好的关系。

主题分析

教师是学生学习生活中的主要人物，他的一言一行都潜移默化地影响着学生。教师对学生的鼓励与奖赏、打击与批评，对学生的学习起着重要作用，正如众所周知的皮格马利翁效应一样。然而，师生间的关系变化又是十分微妙的。因为教师应鼓励学生消除对老师的一些不良看法，找出每一位老师的优点，尊重老师、理解老师，老师也就会更卖力气地为同学讲课。师生间的关系是一个互动的过程。相信世界上每一位老师都是真正爱自己的学生的，他们无私地把自己的知识传授给学生，不求回报。所以，教师应让学生理解教师的辛劳与伟大，进而与老师建立起良好的关系，促进自己的学习。

训练方法

讲解法；现场表演法。

训练建议

1．教师组织各任课教师到班级与同学们一起活动，与同学们谈心，互相交流看法。

2．教师给出一些难题，让同学们以老师的身份继续表演，看这些假老师怎样处理。

3．本课难点在于使学生从内心里理解老师的劳动，尊敬老师。

善于倾听

情感共鸣

美国著名的管理学家戴尔·卡耐基说过这样的一个故事。有一次，他到朋友家聚会，餐毕，大家开始玩牌，只有卡耐基和一位女性没有参加。于是，他和那位女性开始攀谈起来。她听说卡耐基去过欧洲游历，便要求卡耐基向她描述去欧洲的情形。可是没等卡耐基答话，她接着说她到过非洲，讲了很多异国风情，足足谈了45分钟。卡耐基听她畅谈趣闻。实际上她本来是要卡耐基讲话，结果却要听她的话，使她得以尽量袒露其内心蕴藏的谈话资料，以充分表现其自我兴趣，卡耐基自然不便扫她的兴，就侧耳倾听，她更是兴高采烈，滔滔不绝。卡耐基说，此种情形，不但这位女士如此，一般人也多半一样。一般人的心理，都是爱说自己的话，不愿听别人的话，那么，倘若我们要得到别人的欢心，就当然应该对症下药，多听别人讲，少说自己的话。最能给他人满足感的就是一心一意地倾听别人的讲话，可是，很多人不以为然。

认知理解

交往是人的基本需要。良好的人际关系与正常的交往，能够鼓励人的精神，培养人的自尊心与自信心，增进人的社会适应能力。反之，会影响人的心理健康。交谈是交往的一个重要内容。在交谈中，既要适时适度地开启心扉，也要随时随地接纳对方。当一方在侃侃而谈时，他总是希望对方专心致志地在聆听，而只有感觉到别人对自己的欣赏时，一个人的自信才能建立。因此，学会倾听，做一个合格的倾听者，不仅是一种人际交往中的文明礼貌行为，也是表达对人的欣赏和帮助他人建立自信的重要方式，将有助于使自己取得信赖，赢得友谊。人们渴望谈论自己，表现自己，渴望有人倾听自己的讲话。如果这一渴望得到实现。也就是说，有人认真倾听自己讲话时，他们的反应就是积极的、肯定的。而且，对倾听他讲话的人所提出的要求，他们也会欣然接受。可见，学会倾听是人际交往成功的必要手段，是人际交往能力的体现。

操作训练

1. 著名的心理学家弗洛伊德博士说过，人们都想谈论自己的事情，希望别人来倾听自己，这样，不单单是能够让自己宽心，而且有时能够救自己一命。因而他创立了倾听患者讲述内心各种感受和各种经历的"即刻治疗法"，弗洛伊德这个心理分析疗法，就是让患者自由地表达，这开辟了心理学的新时代，也为生活指导心理疗法奠定了基础。

2. 做一个合格的倾听者应当掌握以下三个要点。

（1）兴趣与注意。要想耐心地倾听别人讲话，首先应对别人的兴趣，最重要的是谈话中应先顾及对方的问题，自己的事情先放一边，其他的一切事情也不要提起。倾听时，眼睛注意讲话的人，将注意力始终集中在别人谈话的内容上，给予对方一个畅所欲言的空间，不抢话题，表现出一种认真、耐心、虚心的态度。

（2）接受交谈时，通过赞同的微笑、肯定地点头，或者手势、体态做出积极的反应，表现出对谈话内容的兴趣和对谈话对方的接纳与尊重。在倾听他人讲话时，还必须抑制你想要发表有关自己的话题的强烈愿望，这是一种自我锻炼。实际上，这不仅要限制自己的讲话频率，而且还要把你发自内心地想要倾听他人讲话的真诚感情更清楚地显示出来。

（3）引申话题。通过对某些谈话内容的重复和对谈话对方情感的重述，或通过提出某些恰当的问题，表现出对谈话内容的理解，同时帮助对方完成叙述，从而使话题进一步深入。做一个优秀的倾听者，并非一声不吭，守口如瓶。实际上，谈话是在两个人相互交流、互相观察的互动中进行的，让对方自己表达自己的思想，在对方讲话结束时，提出问题，就是向对方传达在倾听他的讲话这一事实。

3. 联系自己的实际情况，平时与他人交往时，哪一条做得较好，哪一条较差，今后如何改进，制订一个计划，在以后的交往中，力求做一个合格的倾听者。

训练指导

教育目的
使学生掌握交往的技巧之一，即倾听。

主题分析

交往是每个人时时刻刻都要面临的，因而一个人的交往水平如何也非常重要。现代的中学生面临着严峻的挑战和激烈的竞争，尽管中学生的主要任务是学习，但为适应社会需求，也应该注意培养自己的交往能力，以提高自己的综合素质，为自己将来的发展奠定良好基础。由于中学生的年龄特征而使绝大多数的中学生在交往中我行我素，不太懂交往的技巧。所以，教师要不断地引导中学生注意自己的言行，掌握交往的艺术和技巧，这样不仅可以获得好人缘，还可以提高自己的交往能力。中学生较为突出的特点是表现自己，而不太在意他人的感受，所以他们往往不是一个合格的倾听者，教师要注意培养学生学会倾听。

训练方法

实例分析法；自我反省法。

训练建议

1. 结合具体的实例，分析倾听的重要性。

2. 本课重点在于如何使学生在交往实际中做一个合格的倾听者。

懂得赞美

情感共鸣

这是一个银行家的故事。在银行家上班的银行旁边，每天都蹲着一个乞丐，乞丐前面放着一个盆，他常往这个盆里丢些小钱。可是，这个银行家与其他的施舍者不同，他在投小钱时，总是要向乞丐要一支他脚下的铅笔，并且说："你是一个商人呀！我是个从来都想从交易伙伴那得到比我支付的更高的好处的人。"

一天，那个佝偻于街头的乞丐不见了，随着时间的流逝，银行家也渐渐地忘掉了这个乞丐。可是，有一天，银行家走进一个公共大楼时，在一角的商店里，发现了那个乞丐。乞丐认出银行家后，激动地说："我总是期待着能够再见到您。今天，我能坐在这儿当经理，是托您的福呀！你总是对我说，你是一个商人呀，听了您的话，我开始想，我不该是讨钱的乞丐，而应该是一个商人，于是，我开始卖铅笔了，卖了很多很多，您给了我自尊，托您的福，我意识到自身的价值了。"

认知理解

懂得赞美别人是人际交往的一种艺术，得到适时适当的赞美是人的高级心理需要，社会心理学家认为，受人赞扬，被人尊重能使人感受到生命动力和自身价值，在某种意义上甚至可以说，人去拼搏，去取得成就，目的之一是为了赢得他人和社会的赞许和重视，如果你的辛勤努力长期得不到鼓励或赞扬，那就可能失去继续努力的动力。

任何人都希望得到他人的认同和赞赏，从而证明自己存在的价值，正如文中所提到的乞丐一样。因而在交往中，我们应该善于发现他人的长处和优点，对别人的成绩和长处由衷地赞美，从而激发对方与你交往的热情。

古人云："勿以善小而不为。"你不经意间的一句赞美，不仅使对方得到了肯定，也显示出你的豁达与无私。但应注意的是，无论对任何人，你的赞美应该真诚，否则虚情假意的赞美似同谄媚。时间一长，人们反而对你的赞美产生反感。

操作训练

1. 消除对赞美的种种疑虑，比如："我没有必要给别人以赞美，他们应该知道"，"我为什么要赞美别人？他们是自愿去做这些事情的，或者他们能从自己的行为中得到经济上的报偿的"；"如果我赞美别人，他们会认为我对他们是有企图的""对于好朋友，说赞美的话，会不会让他们感到肉麻""总是赞美别人，他们会不会以为我是马屁精""不要去赞美别人，因为大多数人不知道如何得体地接受赞美，他们会十分尴尬，不知所措的"，诸如此类。然而，事实真这样吗？回想一下自己的经历，你有没有渴望过父母的赞美？你有没有观察过，自己学得好的科目，总是与善于鼓励你的老师分不开？在做一件不熟悉不擅长的事情时，你是不是非常希望得到指导者的表扬和肯定，以帮助自己做事更有信心？和你关系好的人，一般会是经常批评你的人吗？

问一问自己上面的这些问题，你一定会感到赞美的作用。如果你自己需要别人的赞美的话，又有什么理由不给别人以赞美呢？当然，给别人赞美也是有一定原则和方法的。

2. 赞美别人必须遵循的原则

（1）善于发现别人身上积极的事物，并表达出来，给对方以反馈。

（2）赞美或肯定对方时，要看着对方的脸说话，以表达你的真诚。其实，如果你由衷地赞美别人，你一定不会害怕与对方目光交流的。不要东张西望，给人以心不在焉、言不由衷、虚情假意的感觉。

（3）要突出地表达你所喜欢和欣赏对方的行为或特点，不要笼统地说："你真好，我真的喜欢你，"而是要有具体的内容，要说："我喜欢你今天的穿着打扮，"或"我喜欢你刚才说的那番话，很真诚。"

（4）要养成在第一时间给别人以肯定的习惯。不要在有事求人时才想称赞别人，太过功利的赞美才让人怀疑，厌恶和不屑。

（5）赞美别人一定要真诚，恰如其分，这样谁也不会嘲讽你是阿谀奉承。

训练指导

教育目的

使学生学会在交往中适时而恰当地赞美他人。

主题分析

中学生正处于自我意识较强的阶段，他们往往认为自己很有主见，很高明，有时甚至无法接受他人的不同意见，更不用说去赞美他人。即使有的同学在心里认为某个同学有哪些优点，但一般不说出口，这些都是中学生心理发展中存在的普遍现象，但也不排除一些中学生可以率直地去赞美他人。正如课文中所讲，每个人都喜欢听到别人的赞美，其实中学生更是如此，因为他们渴望得到成人和同龄人的认可和表扬。所以教师要培养中学生利用每个人都想得到他人赞美的心理规律，提高自身的交往水平。

训练方法

认知理解法；游戏法。

训练建议

1. 讲清楚赞美他人的重要意义。

2. 同桌互相赞美游戏，每一个同学都在全班同学面前对自己的同桌赞美一番，比比谁说得最好，既恰到好处又没有讨好之嫌。

3. 考虑一下自己如何更得体地接受他人的赞美。

巧脱困境

情感共鸣

1938年10月，幽默大师卓别林写了以讽刺和揭露希特勒为主题的电影脚本《独裁者》。第二年春天，影片开拍时，百乐门电影公司说："理查德·哈里·戴维斯曾用'独裁者'之名写过一出闹剧，所以这名字是他们的专利。

卓别林派人跟他们谈判无结果，又亲自上门去商谈解决方法。百乐门公司坚持，如果卓别林一定要"借用""独裁者"这个名字，必须付出25000美元的转让费，否则就要诉诸法律。卓别林灵机一动，当即在片名前加了个"大"字，变为《大独裁者》，并且风趣地说："你们写的是一般的独裁者，而我写的是大独裁者，这二者之间风马牛不相及。"说完扬长而去。百乐门公司的老板们一个个哑口无言，无可奈何。事后，卓别林对朋友幽默地说："我多用了一个'大'字，省下了25000美元，可谓一字值千金！"朋友们无一不为卓别林巧妙地摆脱困境而佩服他。

认知理解

人作为一个个体生活在群体当中，不可避免地要与周围的人交往。交往给人带来乐趣和幸福的同时，也会给人带来各种麻烦和痛苦，甚至使人陷入尴尬的情境当中，无地自容。当然，我们绝不能因交往会带来麻烦，就拒绝与他人交往。那么，如何对付交往中的难堪局面，使自己摆脱困境也是我们应该掌握的交往艺术。

当你处于困境的时候，你首先要临危不惧，保持比较平和的心态，坦然地对待面前发生的一切，切忌手忙脚乱，束手无策。然后，你要尽量地开动自己的脑筋，急中生智，找出一切巧妙的办法来摆脱困境，正如前文所提到的卓别林大师，在危急的时候，他的一个小主意完全扭转了事情的局面。另外，我们在生活中应不断地积累处理难堪局面的经验，经验多了自然会有许多巧妙的方法来应付尴尬场面。所以说，能够熟练地处理交往中的各种紧急情况并非一日之功，它需要很长一段时间，所以不要为自己无法摆脱困境而懊恼。

操作训练

在公共场合陷入难堪通常并不是一件滑稽可笑的事，也不是一件无法解决的事。这里有一种摆脱困境的选择，就是你理智地站在那里，控制局面，使难堪得到较好的克服。

1. 善意地提醒对方。佛罗里达州立大学心理学家巴里·施伦科说：假定这些使你难堪的人有不可告人的动机，是不对的，也有可能这些人在没有认识到的时候就伤害了你。你可以和颜悦色

地指出他们的胡言乱语，这些冒犯你的人一般会礼节性地向你道歉。

2. 巧妙地回避矛盾。如果你与同学在全班面前发生争执，你可以心平气和地说："我们俩单独谈这件事吧？"这样可以避免直接冲突，难堪也就可以避免了。

3. 理智地控制自己的情绪，不管你处于多么恶劣的难堪之中，都要避免发脾气。面对困境，大多数人都会感到愤怒、脸红、恼火，但这时你一定要理智地控制自己，如果你失去自控，只会使冒犯你的人占上风，使自己更加无地自容，陷入更难堪的境地，而使谈话双方的关系受到影响，甚至对方会与你反目成仇。

4. 果断地制止他人。如果人家使你难堪，已经很难使你再信任他们了，你就可以采取比较强烈的措施，可以当场对他说："你真要使我难堪吗？你看起来是失去了理智，你是否对我能做的什么事感到不愉快？"

5. 灵活地运用机智。在生活中，面对复杂的社会，最好的办法常常是机智和幽默。机智和幽默感是进行成功交际的有力的武器，它会使你在社交方面得心应手，占尽优势的。下面是两位作家"舌战"的典故。其中一位作家刚刚写完一本书，正在接受同行的恭维。另外一作家在他们的谈话中听出了什么，就站起来说道："我也喜欢你的书，那是谁替你写的？"这位作家就说："我很高兴你喜欢我的书，那么谁替你读的呢？"立刻把难堪给了对方。所以，只有在难堪的情况下仍保持冷静的头脑，机警地处理问题，那才是真正的智者。

训练指导

教育目的

1. 培养学生面临困境保持冷静的心态。

2. 使学生掌握一些摆脱困境的办法。

主题分析

中学生由于生活经验较少，面临一些突如其来的紧急情况和难堪场面时，很可能束手无策，无地自容，过后，因此而懊恼很长一段时间。其实，每个人在生活中都会遇到一些困境，其实无奈与尴尬大家也都能理解，但对于初涉人世的中学生来讲，他们会觉得非常没面子很丢脸。因而，教师不仅要使学生明白这些道理，更要培养学生处于困境时的良好心理素质，沉着冷静地处理各种困境。因为只有临危不惧，才能急中生智。能够巧妙地摆脱困境对于中学生心理健康的发展以及进行良好的人际交往有很大的促进作用。

训练方法

实例分析法；讨论法。

训练建议

1. 教师让学生讨论自己以前遇到的困境或其他人是如何处理困境的，进而吸取经验教训。

2. 结合巧脱困境的实例，给学生讲解对各种困境的处理办法。

3. 本课的重点在于培养学生临危不惧的心理品质。

人与自然

情感共鸣

在希腊德尔斐的一所古老的神庙前，立着一块石碑，上面刻有一句箴言："认识你自己。"人们一直寻着这个答案——人是从哪来的？

于是，有了各式各样的回答。外国宗教说，亚当的一根肋骨变成女人，然后生儿育女，便有了人类；中国神话说，女娲用黄土揉揉抟抟，便造出了人类；还有各种图腾解释，龙虎龟蛇等生灵是人类的祖先。哪个说法正确呢？谁也说不清。

于是，18世纪伟大的启蒙思想家卢梭也只能深有感触地说："我觉得人类的各种知识中最有用而最不完备的，就是关于'人'的知识。"人类从诞生之日起，就开始了"关于人的知识"的探求，但至今仍未找到一个公认的答案。

不过，可喜的是有一点，人类却是公认的——人类是大自然万物中的一种。仅仅是这一点共识，就是一个了不起的进步。人类出生于大自然，人类是大自然的儿女，大自然是人类的母亲。

没有母亲，便没有儿女；没有大自然，就没有人类！于是，我们才放弃了人类高于一切的旧观念，建立了大自然高于一切的新观念。

人类源于大自然，生于大自然，长于大自然，大自然是人类赖以生存的大家庭。于是，我们才会像铭记母亲赐予生命那样去感激大自然。人类是自然万物中的一种，大自然的万物便是人类的兄弟姐妹，大自然是人类与万物共荣共衰的共同的大家庭。家要靠家庭中的每一个成员关怀，大自然离不开儿女的体贴，当然人类比万物从大自然中获得了更多的恩赐，去亲和大自然，关爱大自然，保护大自然吧。所以我们每个人都要反思自己是不是做到了以上这些，你是否破坏了优美的生活环境？浪费了水电和纸笔？你是否总穿名牌、穿新衣服，而穿过几次的衣服就弃之不用？

认知理解

人作为个体存在于世界上，一方面要与人打交道，另一方面要与自然界相互作用，人们不仅要与他人和谐相处，更重要的是要与自然界的发展达到平衡。

各种自然资源是有限的，人类不可能无限制地从自然界攫取自己想要的东西。为了人类的未来，我们必须爱护大自然，珍惜和充分利用各种自然资源，杜绝环境污染，维持生态平衡。

操作训练

1. 要珍惜自然资源
2. 认识环境污染的危害

考察你所居住城市的大气污染、水源污染、土地污染的实际情况，分析这些对人类生存环境的危害，思考一些解决污染，保护优美自然环境的措施以及具体的实施途径。

3. 爱护自然环境，充分利用自然资源从我做起

爱护自己的生存空间，不乱扔垃圾，不乱涂乱画，不讲污言秽语，不随地吐痰。

监督周围人的行为，如发现他们破坏整洁的环境，应警告或制止他们，并告诉他们应该怎样做。

了解大自然的奥秘，观看电视播出的动物世界节目以及其他一些介绍自然界，自然资源的节目，了解环境保护的一些基本常识，增强自己的责任感。人作为万物之灵，还是自然界的主宰，人类有责任保护自然环境，使整个地球更和谐地运转。

训练指导

教育目的

培养学生对大自然的热爱之情，使他们养成保护自然的良好习惯，了解人类与大自然和谐相处的规律。

主题分析

绝大多数中学生往往把自己的目光集中在学习上、交往上以及自己的需要是否被他人满足。很少有人考虑人类、自然、世界的发展。但毕竟人类作为一个群体要与自然和谐相处，共存共荣。高三学生思想已经比较深刻并日趋稳定，开始考虑自己的人生价值并将树立自己切实可行的远大抱负。因而教师要抓住这一时机，对学生进行人与自然方面的教育，使学生懂得是大自然养育了人类，我们要像热爱自己的母亲一样热爱大自然，不仅如此，我们

要掌握自然万物的生长规律，使他们繁衍得更好。

训练方法

讲述法；讨论法。

训练建议

1. 结合生活实际，使学生懂得人类所用一切无一不来自大自然，但自然资源是有限的，所以我们必须从自我做起，节约资源。

2. 组织学生讨论各种污染现象和破坏自然的现象，并探讨解决方法。

3. 本课重点在于使学生懂得人人都有责任保护自然，珍惜各种自然资源。

批评的正确方式

情感共鸣

刚上高中的时候，老师便把张红与王梅安排在了一桌。同为妙龄少女，相同的兴趣和爱好很快把她们连在了一起。没出一个月，她俩便上学一起来，放学一道走，成了无话不谈的好朋友。

好朋友相似的地方很多，但是也有不同的地方，其中有一项便是王梅十分爱整洁，而张红却在此方面不大注意、不拘小节。上周日，王梅买了一本当今流行的小说《花季·雨季》，每日看完，她都要兴致勃勃地将其中的内容说与张红听。张红一听小说的内容，也非常想一睹为快。王梅刚看完，张红便迫不及待地把小说拿走了。只两天的课余时间，张红便把小说读完了。可是，虽然只有两天，那本小说却成了残缺不全的旧书。归还的时候，王梅心中十分不满，要知道，素爱整洁的她在把书借给张红时还左右叮嘱要爱护呢，为此还特地包上了书皮，谁想到书却成了现在的样子。王梅当着同学的面，毫不客气地告诉张红今后要注意对别人的东西加以爱护，否则就不要借用别人的东西。没想到张红听完很不高兴，从此两人关系开始疏远。王梅为此感到十分费解，本以为既然是好朋友，应该"闻过则喜"，张红这样小心眼，怎么还算是好朋友呢？

认知理解

即使是朋友之间指出彼此的错误也应讲究方式、方法，注意说话的艺术。张红对王梅的批评感到不满，在于王梅的批评没有考虑张红的心理反应。

在现实生活中，每个人都有优点和缺点，这是公认的，所以人们不会完全否认自己的缺点。但指出优点是对人的一种肯定，自然使人感到愉快，而提出缺点则是一种否定，使人产生挫折感，造成心理障碍。因此，批评方式不当极易使对方产生抵触情绪，不但影响接受，而且还伤了和气。批评要讲求效果，必须考虑对方的心理反应，考虑方法、艺术，高明的批评既避免了对方的自我防卫心理的作用，又有效地提醒他注意自己的错误，事后他会在内心对你充满感激之情。

操作训练

1. 要在没有他人在场的情况下展开批评

每个人都有自尊，因此无论你批评得多么正确，都要给对方留点面子，万不可当着第三者的面指出来，使他感到在人前丢了脸，露了丑，因此要选择双方独处时，私下里交换意见。

2. 从赞扬和诚挚的感谢入手

在交往中，无论你怎样注意方式的温和，要别人承认自己的错误和不足，都仍然意味着别人需忍受某种程度上的自我否定。但这种自我否定的威胁可以被赞扬及诚挚的感谢所冲淡甚至抵消，赞扬可使双方谈话气氛和谐亲切，使对方安心，知道自己不是在遭受攻击。如果我们上来就叫住对方："嘿，你听着，我有意见，你太差劲了。"对方是很难听进你的意见的。若改换一种方式说："嘿，你近来干了不少事，大家都很佩服你。只是有一点，如果再改进一下就更好了……"后面的意见，他一定是乐于接受的。

3. 批评他人时先谈自己的错误

就事论事，不要进行人身攻击。批评他人时不要从他的行为举止论及人格，威胁对方的自我，不要翻陈年老账。有很多人犯错误，常常是此类错误从前以不同的形式出现过。在谈问题时都不要旧事重提，以免对方感到有沉重的心理包袱，没有信心改进，这不仅不会促使他改进现在的行为，而且使对方认为你在给他记黑账、算旧账，他体会到的往往不是你在帮助他改正错误，消灭缺点，而会觉得又被抓住一次，又被说上一条，又多了一个话柄，即使懊悔也是懊悔不小心又被你抓住了，而不会对自己行为本身进行深刻的反思。

批评他人时，端正动机十分重要。正确的批评动机是为了对方，而不是为了自己。有的人喜欢不断地找别人的毛病，折损人家，论人短长，在贬低别人时使自己的自尊心得到满足，"自我陶醉于此"。这种动机往往决定了他们不可能采取正确的批评方法。

心理互换

训练内容

情感共鸣

　　梦竹回家路过一个存车处时，看到有一排自行车倒在地上。她本想喊存车的老大爷，可一看他正在打瞌睡，便想：还是我把车扶起来吧。于是，她就一辆辆地开始扶车子。正在这时走过来一伙人，其中一个男青年很远就对梦竹喊："你这个小姑娘，什么事不好做，偏偏以推倒别人的车子为乐？""叔叔，不是的，我路过这儿，看到车子倒了，我想给扶起来！""说得真好听，你想学雷锋呀？这个年月早就没有雷锋了，别在那唱高调了！""我真的没推你们的车子！"梦竹急急地辩解道。"算了，算了，现在的学生撒谎脸不红不白的，幸亏咱们来得及时，车子没被偷走，就别跟她计较了。"旁人劝着那位男青年。听着他们的话，梦竹的眼泪都快流出来了，一句话也说不出来。她想不通：为什么做好事反倒会被人诬陷呢？

认知理解

这一伙人之所以这样就是以自己狭隘、自私的心理去怀疑他人正当、有益的行为，"以己度人"视别人的行为不正，动机不纯。这种现象在日常生活中俯拾皆是。有的人自私，就认定别人也和自己一样事不关己高高挂起，一毛不拔；自己患得患失，便以为别人也与自己一样斤斤计较；常犯"以小人之心，度君子之腹"的错误。人们对待别人的态度往往是以自己的思想、认识、行为猜度别人，总以为别人也和自己一样有同样的想法、说法和做法。

操作训练

如何才能克服这种"小人之心"呢？这里面有一种非常重要的心理交往原则，即"角色心理互换"，即以心换心，站在对方的立场上，理解他的思想、情感和行为。它在人际交往中有着特殊的地位和作用。

所谓角色，实质上就是人在生活中的身份、地位和职务。每个人在社会中都扮演着一定的"角色"。如教师、学生、干部、子女、父母、姐妹等，每一种角色都有与该角色相适应的行为模式。如父母这一角色应该是关心、爱护子女，肩负养育子女的责任，在子女面前率先垂范；学生这一角色就是要努力学习，掌握知识，发展能力，其行为模式是接受教育、遵守纪律、努力进步，使自己成长为对国家有用的人。

在生活实际中，如果彼此都能站在对方的立场上，从对方的角度看问题，尊重对方的人格、平等相待，就必然会少发生矛盾或不发生矛盾。

同龄人之间心理位置的互换，是彼此沟通、理解的重要方式。以开玩笑为例，同学之间说几句玩笑的话，能活跃气氛增进友谊，但玩笑开过了头常引来彼此的不快。如有一个同学特别爱开玩笑，他把丰富的想象力用在给人取"外号"上。一天，他给腿脚瘸拐的同学取名为"半导体"，还学他走路的样子，引得同学哄堂大笑，还自以为得意，结果使那位同学痛哭了一场。老师找到他，他不但不虚心接受批评，还说自己习惯了不易改掉，老师就让他想象自己在一场病好后，头发掉尽，大热天戴顶帽子到学校，有人在背后悄悄地掀起帽子，引起一片哄笑声的心情。从此以后，他真心体验到了自己给别人带来的痛苦，很快改掉了乱给别人起绰号的毛病。这件事说明角色心理互换能改变"以我为中心"的交往倾向，变"自我中心"为"他人中心"，设身处地地替对方考虑，从而达到心灵沟通和情感的共鸣。

　　可以说，在人际交往中善于注意"心理互换"的人，其人际交往一定得心应手，获得成功。

正确面对挫折

情感共鸣

柳红和杨梅是同班同学，平日里柳红总是帮助杨梅解决一些学习、工作的难题。杨梅不快乐时，她给她送去安慰；杨梅生病时，柳红又是为她忙前忙后。可是，有些同学说柳红是"拍马屁"，她只是想求杨梅的局长爸爸为她毕业后找个好工作，而杨梅根本不拿她当朋友。面对这些流言，柳红退缩了，两个人的交往也不如以前亲密了。

雄和丽是一对恋人，他们是在学校组织的一次舞会上相识的，那天晚上他俩一见钟情，便开始了交往。随着交往的深入，他们的感情也越来越深。雄和丽觉得是该向各自的父母说明这一切的时候了。不料双方父母一致反对他俩继续相处。雄的父母觉得丽太活泼，不适合做家里的儿媳；而丽的父母觉得雄来自农村，家境太差。在双方父母的哭闹和苦苦劝说中，他们的恋情也降温了。

认知理解

生活中，每个人在交往上都可能遇到这样或那样的挫折，每个人对此都会有或多或少、或深或浅的感受。特别是正处在花季的少男少女们，初涉人生舞台，羽翼未丰，经不起大风大浪的冲击，不论学习、工作，还是与别人的交往中都会遇到各种各样的挫折。面对接连不断的打击，有的人不禁慨叹："为什么受伤的总是我？"

挫折是一个人按照自己的动机去达到目标的过程中，由于受到障碍或干扰，致使需要不能获得满足而出现的情绪状态和行为反应。在生活中，人们有许多需要，其中交往的需要是人人都有的。因此，当一个人在交往过程中受到自身或外界各种条件的限制，出现各种各样的障碍、困难，这时，交往挫折就产生了。挫折对人们的生活和工作往往有重大影响：轻则使人苦恼、懊丧、压抑、紧张；重则使人发生心理异常，甚至导致身心疾病。在这种消极心理状态下，有的人会攻击、反抗以致引起破坏性行为；有的人会消极、悲观、丧失生活的信心；当然也有的人会化消极为积极，从挫折中吸取教训，变被动为主动，把挫折变为激励自己前进的动力。

操作训练

1. 首先，对自己应有正确的评价

挫折往往发生在对自己缺乏正确评价、对困难缺乏足够估计、对生活缺乏全面认识的人身上。因此，遇到挫折时，首先就要冷静地分析受挫的原因。如果真的是自己的原因，自己要勇于向友人承认错误，谨慎行事，严格要求自己；如果是他人的原因，我想也不必过分自责，不必放在心上，因为"群众的眼睛是雪亮的"，"谣言不攻自破"，别人会给你正确评价的。

2．保持乐观的情绪，是减少挫折心理压力的好方法

人们在遇到挫折时，情绪变化是特别明显的。如果是性格外向、心胸博大的人，对挫折造成的苦闷就可能得到及时疏泄。那么性格内向、不善言谈的人，保持乐观的情绪状态，就需要一定方法的调节。如听一听音乐，做一些自己感兴趣的事转移自己的注意力，看一些化消极为积极的名人典故，激励和鼓舞自己不能因小小的困难就停止自己前进的脚步。

3．学会幽默，自我解嘲

一个人有了缺点而又不能接受，常会感到挫折。倘若你学会幽默，能接受自己的缺点进行自我解嘲，便能消除挫折感，更能融洽人际关系。

4．要沉着冷静，以其人之道，还治其人之身

众所周知的《晏子春秋》中的晏子出使楚国的故事，面对楚国人对晏子的个子矮小的嘲弄，晏子沉着冷静，不慌不怒，机智地进行反击；面对楚国人的攻击，晏子措辞巧妙，给对方以回击，转被动为主动。

5．移花接木，灵活机动

在对自己有个正确评价的基础上，确定目标，倘若你原来的目标无法实现，可由接近的目标来代替，以免产生挫折感。例如，由于身体原因不能做舞蹈家，但却做了编导，这样的效果不比原来追求的效果差。

6．再接再厉，锲而不舍

当你遇到挫折时，勇往直前，你的目标不变，方法不变，而

努力的程度加倍，你就会是交往的最大收获者。听一位同学文波说，她上学的时候，一直对小玉很好，两人是知己。刚开始接触时，小玉不愿接受文波的友好，总是不理不睬，但文波一直对她热情依旧，终于真情感动了小玉，两人成为人人羡慕的知己朋友。这件事中，文波受到挫折后没有放弃而是继续努力，终于获得了人间最真诚的友谊。

　　挫折，对弱者来说，它是天敌，但对强者来说，它是前进的动力。正确地面对挫折，无论在生活中的哪个角落，你永远都不会失落。属于你的那份交际的天空，不会有被遗忘的角落，更听不见的是"为什么受伤的总是我"的呼唤。

社交风度

情感共鸣

在第二次革命战争时期，有一次为了更好地决定作战方案，红军三军团总指挥彭德怀和参谋长邓小平等30多人到前沿看地形。为了争取时间，他们一路小跑向前赶路，大家看到首长们着急赶路，都自动站到路边，把路给让开了。但有一个战士不知为什么，还坐在那里一动不动。彭总见有人挡路，情急之下便嘀咕了他几句。谁知这名战士霍地站起来，朝着彭总就是两拳，彭总让过去便匆匆赶路了。事后传令兵将那个战士捆起来，带去见彭总。彭总一见，笑眯眯地说："谁叫你们捆来的，小事情，快放回去！"这个战士不知道打的是总指挥，捆他时才知道闯了大祸，心里正害怕。彭总的宽宏大度使他非常感动，难过了好几天，后来逢人就说："彭总指挥真是度量宽宏，有大家气派。"

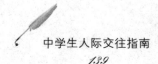

认知理解

社交风度常是青少年在人际交往中所追寻的，可是什么是大家风范，如何才是气派，有一些人并不十分清楚。我们常见到生活中有一些青年朋友为使自己更具风度，盲目模仿电视、录像中的"英雄人物"或一些反面人物的形象，刻意追求那种"气派"，在交往中常刻板地仿效影视中的一些做法，让人看了觉得有些不伦不类。

影视作品，虽然一些内容是源于生活的，但艺术作品都是经过加工和改造的，往往是对现实生活的夸张、放大和理想化，或者是对某种现象的讽刺或美化。所以，影视作品中的语言和行为如果出现在现实生活中绝大多数都是荒唐的、可笑的：一个北方的中学生，由于模仿电影中女主角，连说话也变得嗲声嗲气的让人有种毛骨悚然之感；一位男同学为了更像某个"英雄"，竟将头发染成了棕色……难道这能算是风度，能算是潇洒吗？人都是真真实实的人，生活在一个真真实实的世界，当我们处在这个追求美、追求风度与潇洒的年轻时代时，应该在交往中表现我们的风度和大家气派。

操作训练

1. 宽容是体现你大人大量的最好手段

一个成熟的有风度的人，对别人的一些非原则性错误往往有较强的容忍力。林则徐有句名言："海纳百川，有容乃大，壁立千仞，无欲则刚。"对别人的小过失给予适当的宽容并不会降低你的威信，相反更能体现你的大家气派。如果你对一些小事斤斤计较，别人会认为你的涵养与那个犯错误的人相差无几，由此会失去你的风度。

2. 谦让是你大家风范的又一表现

如果你与别人同在一间屋子里，这时突然发生地震，房子就要倒塌了，但由于房门太窄一次只能通过一人，此时你是与别人一起挤向门口还是让他先出去你再出去呢？我记得有一部影片《闪光的彩球》，影片中有这样一个片段：外国学者到中国来参观访问，他们对一所学校的几组学生进行一项有奖测验。题目是在一个大肚子、小口瓶里放着几个带线的彩球，几名同学各拿一根线，一声令下看哪个最先拿完，而且那个最先拿出彩球的同学将得到奖励。由于瓶口很小，一次只允许一个小球出入，所以大家一起往外拿必将卡在瓶口，谁也别想拿出来，必须一个一个地往外拿。那谁先拿出来呢？这就要有一个风度的问题。电影中是这样的：一个女同学给大家讲了这一道理后，给大家安排好顺序，而她排在了最后。测验结果他们组获得优胜，专家问明了原委后，把最丰厚的奖品给了那个最后拿球的小女孩，因为她有一种谦让的大家风范。

3. 笑对人生是社交风度的基础

不要把偶尔的失败看成是世界末日，要学会调节自己，不让失败的阴影把你淹没。记得一篇《对自己说"没关系"》的作者，是一个对什么都"没有关系"的人。没有通过竞选当上班长后被同学们取笑，"没有关系"；检查卫生时因袒护班级而被训斥，"没有关系"；改选班委会落选，"没有关系"……从中我们可以体味作者那种笑对人生、体味人生的乐观潇洒的处世原则。对于一些无关大雅之事我们要学会不计较。对于青年人来说有许多可供追求和欣赏的灿烂和光明，不必总盯着别人挑肥拣瘦，评头品足。必要时要对自己说"没有关系"。当然这不是让我们游戏人生，更不是蔑视友好的规劝，以及在大是大非上的无休止的忍让。而是承认现状，知道强求不来，虽然不满，但不抱怨、不发牢骚，只是努力细心地自我寻找得失，然后用心去干自己的事情。如果事事都要计较，生活就会变得很痛苦，怎么会有潇洒的风度呢？

4. 扶持弱者是风度的升华

扶持一个受人冷落的"弱者"，会让人更加赞赏你的为人，也会使你更具风度。这种风度上升为一种品德可谓是风度的升华。19世纪30年代的法国文坛上，巴尔扎克的声望大震，司汤达却不为人所注目。司汤达写的长篇小说《帕尔玛修道院》，受到社会的冷遇，廉价卖掉了五年的版权。巴尔扎克看到这本书后，觉得司汤达用完美的技巧写出了巴尔扎克在脑子里构思了10年之久的关于战争场面的描写，如果他是一个小肚鸡肠的人，自然会由妒忌之心而贬低这本书，但巴尔扎克以他广阔的胸怀撰文赞许《帕尔玛修道院》是一部"有思想的文学杰作"，"这部伟大的作品只能够由一个正当盛年和才能成熟的50岁的人来构思，来写作。"使得司汤达大为感激，别人也深为巴尔扎克的大家气派所震惊。

5. 肯定别人的长处会给你的风度更添魅力

每个人都有比别人强大的一面，即使是很小的一面，也是值得我们去学习的。我们不能只看到别人的缺点，一味地去否定别人，我们应该对别人给予肯定，看到他人优秀的一面，并学来己用。一个人如能集众家之长那么他就已经非常优秀了；相反，如果满眼都是别人的缺点，看不起这个，瞧不起那个，怎么能博采众长提高自我呢？一个有风度的人首先应是谦虚好学的人。

要想在社交中具备大家的风度，就应该努力丰富自己的内涵，吸取别人的长处，改掉自己的短处，做到谦虚、宽容、扶弱、勤学、乐观、不畏强暴。这样，就一定会给人一种大家的风度。

讽刺的艺术

情感共鸣

人们在交往中离不开交谈。言谈交际中有时免不了争辩，善意、友好的争辩有时也能促进彼此间的了解，活跃交际环境，起到调节气氛的作用，有时一场精彩的争辩会令人荡气回肠、齐声喝彩。但是有时尖酸刻薄、烽烟四起，攻击性、讽刺性过强，也会使人很尴尬，让人心情不爽。

认知理解

我们在日常交往中，经常会看到一些愿意对别人讽刺挖苦的人，这种人时间长了，大家都不愿意和他交往，不愿彼此走得太近。但讽刺也并非一无是处，在交往中，讽刺也是一种为人处世的方法，它作为我们谈话的一种态度，应学会对待它、使用它。也许，就因一句不恰当的讽刺的话，刺伤了朋友的心，既失去了朋友，又不知自己做了什么对不起朋友的事。

操作训练

1. 运用讽刺要适度，不要把他人最敏感的事情作为讽刺的内容

人们做任何事情都要讲究个"度"，不够度或过度都会引起人们的反感，世界上最难把握的就是这个"度"。对于别人最伤心、最敏感的事情不要用讽刺的方式进行交谈，这样会导致彼此的怨恨。晏子出使楚国的故事就是一个典型的例子。俗话说得好，"骂人不揭短，打人不打脸"，就是这个道理。

2. 面对讽刺，幽默也是自卫的极好方式，会使"难堪"烟消云散

杨柳枝是位体态肥胖的姑娘，她在一个宴会上兴高采烈地跳起迪斯科，惊讶的目光、讽刺的笑脸，不时朝她投来，于是她采取幽默的自卫方式，对着那些惊讶的目光说："这叫作胖子跳迪斯科——肉松。"结果引起哄堂大笑。幽默地自我解嘲，使人觉得她可以亲近，性格上可爱，有适度的自信。

这样幽默下"台阶"，在朋友间出现难堪时，既为自己树立了良好的社交形象，又增进了彼此的友谊。因此，在人际交往中，面对挫折，受人讥讽时，我们要善于运用幽默，送给大家、更送给自己一份和谐的气氛。

3. 培养自己良好的忍耐力，学会倾听别人说话，无论是好言的相劝，还是冷嘲热讽

一个人是否善于倾听别人说话，这是衡量这个人会不会交际的标志之一。学会倾听夸奖自己的话很容易，但是学会倾听讽刺的话很难，这就需要有很强的忍耐力，需要在生活中不断地锻炼

自己。

4. 讽刺挖苦人要注意场合，要有适当的节制

讽刺挖苦是对待敌人的一种良方，但对待朋友则是伤害感情的火苗。因此我们一定要有所节制，以免朋友间发生冲突，破坏友谊。但是对待敌人就应像秋风扫落叶一样，讽刺挖苦是一种武器，是心灵之战。谁为胜者，还看谋略和说话的技巧，晏子使楚，晏子运用自己善变的言谈和谋略，给国家争回了荣誉，晏子是成功的，是胜者。

5. 如已发生令人尴尬的局面，应让人体面地下"台阶"，这也是获得友情的重要方法之一

如在拥挤的客车上，有位乘客由于汽车的晃动不小心踩了一位女同志的脚，那位女同志马上瞪他一眼说："瞅你那德性。"这位乘客微笑地对这位女同志说："对不起小姐，这不是德性，是汽车的惯性。"立刻引起车内的一片哄笑，连那位女同志也笑了，客车上一片和谐的氛围，给每位乘客都增添了一份好心情。

讽刺也是一种艺术，作为生活的主人怎样拿起画笔去勾勒它，也是一门学问。但是，请切记，别让他人太尴尬。

劝说的艺术

训练内容

情感共鸣

三国时，诸葛亮率兵征讨南蛮，经过一番苦战，终于七擒孟获，并使之归顺。与此同时，也俘虏了一大批蛮兵。见面时，为消除蛮兵心理上的恐惧，诸葛亮先给蛮兵解开绳索，然后，他用了几句情真意切、动人心魄的安慰话语，便消除了蛮兵的敌对意识。他说："汝等皆是好百姓，不幸被孟获所拘，今受惊扰。我想汝等父母、兄弟、妻子必倚门而望；若听其阵败，定然割肚牵肠，眼中流血。吾今尽放汝等回去，以安各人父母、兄弟、妻子之心。"一番话语，说得蛮兵"深感其恩，泣拜而去"。寥寥数语，竟产生了如此强大的暖人的力量，由此可见诸葛亮言语艺术水平之高。

认知理解

常言道："人饰衣裳，马饰鞍。"要对他人行施劝导说服，必

须过好语言关。即掌握好语言的表现技巧，技巧娴熟、运用自如，所表述的语言才能有声有色，动人心弦。平时人们说"思想工作还要给人以美的享受"，实质上就是指的语言的表述技巧。

操作训练

1. 劝说中语言的使用应有浓重的感情色彩。劝导说服的语言，若不流动着浓重的人情味，就不能动人魂魄、感人肺腑，就易使人听来枯燥，甚至陡增厌烦。因此，对他人实施劝说时必须十分重视正确地表达自己的内心情感，让喜怒哀乐溢于言表，用自己的心去弹拨他人之心，用自己的灵魂去感染他人的灵魂。使对方能够闻其言，见其心，达到感情上的融合，使劝说犹如春风化雨、润物无声。

2. 运用比喻增强劝说的效果。比喻可以给人一种具体可感的形象，从而加深对问题的理解。正确地运用生动形象的比喻，可使模糊的道理清晰起来，使深奥的道理明白起来，从而避免抽象说教给人带来的枯燥感。有时运用得好，还会使人受到深刻的启发、极大的鼓舞和有力的鞭策。抗日战争时期，中央警卫团划归军委，由叶剑英同志分管。当时警卫团的同志大多数都是从战斗部队抽调的同志，他们都希望到前方去，而不愿在后方。叶剑英了解到这一情况后，就组织召开了一次全团大会。在讲话中谈到大家想到前方，不安心后方工作时，提高了嗓门大声说："中央警卫团应该改名，不叫警卫团，叫钢盔团"。大家一听都懵了。叶剑英解释说："钢盔团是干什么的？是保护脑袋的！中央警卫团是保护全党的脑袋——党中央的。"几句话让大家心悦诚服，思想豁然开朗，会后没有人再要求离开警卫团了。叶剑英在讲话中巧用比喻，把保卫党中央的警卫团比作战士头上的钢盔，形象地讲清了警卫工作的重大意义，加强了说服力和感染力，很好地发挥了劝说的效果。在运用比喻法进行劝说时，应注意两项基本要求：一是比喻要恰当明确；二是比喻要力求新颖、有独创性，切忌沿袭旧说，老生常谈。正如人们常说的：第一次把女人比作花的是天才，第二次把女人比作花的是庸才，而第三次把女人比作花的是蠢材。

3. 运用恰如其分的幽默，使人在笑声中顺利地接受你的劝说。因为幽默、风趣的话语既能表达出一个人的聪明和风趣，增强说理的吸引力、感染力和有效性，同时还可以摆脱、缓和紧张的劝说气氛。曾经有一位到中国旅游的外国老太太，在游览武夷山时，不小心被蒺藜划破了裙子，游兴大减，坐地不动。这时，一位女导游走了过去，和颜悦色地说："夫人，您别生气，这是武夷山对您有情呢，人不留山留，它请您不要匆忙地离去，叫您多看它几眼呢！"这几句劝说所包含着的风趣与智慧，既流露在导游员的言语之中，又洋溢在导游员的举止之间，像春风一样抹去了笼罩在老太太心头的"愁云"。但是，需要指出的是：幽默虽然会引人发笑，但引人发笑并不是幽默的目的，目的在于使对方笑过之后得到深刻的哲理启示，在心目中留下严肃、高尚、美好、善良的印迹。正如莎士比亚所说的"幽默和风趣是智慧的表现"。你要成为有幽默感的人，首先应该加强自身的文化修养，要与人为善；其次还要注意培养自己的机智、敏锐以及乐观主义精神。

4. 警句启迪法。在人们丰富多彩的言语交流中，经常可以接触到一些耐人寻味、发人深思的精辟语言，这些语言在思想交流中能起到画龙点睛的作用，有很强的启发性、感染力和说服力。1959 年庐山会议后，彭德怀被派到中央党校学习，中央党校校长杨献珍一见到彭德怀，就诚恳地对他说："在历史和现实的一堆疑惑面前，我们应该力求像一句名言所说的：不哭、不笑，而是去理解。"彭德怀说："好，我现在是你的学生，你要给我一把理解的钥匙啊！"杨献珍接着又引用了巴尔扎克的一句话："'打开一切科学的钥匙'毫无疑义的是问号。我们大部分的伟大发现都应归功于为什么。"彭总啊，其实你掌握理解的钥匙并不比其他同志少，只不过你目不随人视，耳不随人听，口不随人语，鼻不随人气。这种宁可找到一个因果的解释，不愿获得一个波斯王位的气质，不正是一些人永远得不到的钥匙吗？在这段谈话中，杨献珍引用了三句名言，委婉含蓄地赞扬了彭德怀坚持真理、为民请命的无私无畏精神，饱含哲理，既有同情、感慨，又有引导、激励，使彭德怀深受感动。可见，劝导说服的语言，虽不能句句都启人深思，更不能指望句句都是金子，但至少要有几句打烙印的话语，使之举一反三，触类旁通，而巧妙地使用格言警句，往往能一语道破天机，给对方以无穷的回味，使之豁然开朗，茅塞顿开，甚至能使他终身受益，久久不忘。

异性友谊需有度

训练内容

情感共鸣

刘洋是班级里很普通的女孩子，整天默默地坐在高二·一班的教室里，尽管她平时很少与其他同学交往，但由于一些必要的接触，与同桌间话说得就会多一些。同桌是位个子高挑、很有气质的男生。时间一长，同学们就用异样的目光看着这两个同桌，说他们关系不一般。很快，老师也听到了一些所谓的"消息"。但刘洋和她的同桌的确是很正常的交往，用刘洋自己的话说："不就一个同桌吗？我也没把他看成是与其他同学不同的人啊。"后来，老师把他们的座位调开了，以避某些嫌疑。

认知理解

处于青春期的青少年朋友，对异性朋友的确很敏感，但这一时期的男女青少年朋友间的友谊往往是最纯真的，他们还不懂什

么是爱情，只是一些自然的交往。但也不排除一些学生由于受电视、录像及其他媒介的影响，会较早地萌发对异性的神秘感。其实这也是很正常的，只要我们能够正确地予以对待。

异性友谊是人类友谊中不可缺少的组成部分。异性朋友的结交是友谊交往中顺理成章的事情。异性交往，只要处理恰当，对于身心的健康发展和工作、学习的顺利进行，很有益处。

操作训练

1. 异性交往有利于个性的全面发展

青春期是人生个性成熟和全面发展的时期。心理学研究表明，处于集体中的个人，交际范围越广，与周围生活联系越多样，他的兴趣、能力、意志、性格等个性就越会得到全面发展。现实生活中，青少年主要生活在学校中，主要是与同学接触。当今青少年一般都是家中的独生子女，与父母毕竟不如与同龄人在一起交流的欲望强，即使是异性同学多接触一些也不足为奇，同学们和家长一定不要视为异端，应加以正确引导。不仅与同性交往、同时也与异性交往的青少年，性格相对来说更豁达开朗，情感体验也相对丰富，意志力也较强。因为毕竟男性同女性有各自的个性特征，异性交往更能丰富人的个性。青春期的异性交往和友谊是人们个性全面发展的肥沃土壤，这是无可非议的。

2. 异性交往和友谊有助于培养健康的心理

与异性交往的需要是人的最基本的生理需要之一。任何一个健康的青少年，都有同异性接近和交流的正常欲望。进入青春期的男女，一方面对异性有接近的强烈欲望，另一方面缺乏同异性正常交往的条件，往往会造成性心理的亢进和变态。对异性的好奇和神秘感，在缺乏异性交往的不良条件下，极有可能转为对异性的恐惧和敏感，形成在生活中与异性交往的某种心理障碍。因而与异性交往对于人们日常工作和学习的正常展开是必要的。令人感兴趣的是，大多数人在心理上有"异性效应"，尤其是年轻人。心理学的研究表明，青春期的青少年同异性的交往，大多数并没有爱的渴望，而主要是求得心理接近和情绪接近，这种异性间的心理接近和情绪接近得到满足，会使人获得程度不同的愉悦感，从而激发起内在的积极性和创造力。男女同学和男女同事在一起活动，参加者一般会感到更愉快，活动也更有劲、更出色。男女同学或男女同事间的友谊为满足青春期特有的交往需要提供了有效的环境，从而可以减轻心理矛盾，增加心理满足，提高心理兴奋程度，这对工作、学习的开展是有利的。

异性交往和友谊是人们生活中不可缺少的一部分，但是异性友谊的获得是有一定规则的，除了需要遵循友谊发展的一般规律外，异性友谊的结交还有两个特殊要求。

1. 异性交往，要自然、适当

所谓自然，就是要消除异性间的不自然感，防止交往中非友谊动机的产生，就像对待同性交往那样去对待异性朋友，该说的就说。其实友谊本身就是感情的自然流露，不需要任何矫揉造作。异性间的自然交往常留下纯洁友谊的轨迹，青少年朋友尤为如此。

所谓适当，即与异性交往的方式要被大多数人所接受，并且与异性交往的性质不能越出友爱的范畴。和同性朋友可以有不同程度的交往，异性朋友也可以达到知心的程度，但一定不要超越友谊的界限。

2. 要敢于结交异性朋友

与异性交往过多总会招来一些非议，这使得一些青少年不敢与异性交往。但青少年一定要有勇气与异性进行一些正常的、必要的交往。著名的科学家居里夫人也有许多异性同事，同她交往甚深、友谊甚笃，但她唯独和约里奥·居里成为终身伴侣，与其他异性仍保持纯洁的友谊。普希金曾这样说："无论是多情的诗句，漂亮的文章，还是闲暇的快乐，什么都无法代替无比亲密的友谊。"这当然也包括与异性朋友的友谊。因而，青少年只要掌握好与异性交往的度，也会收获一份纯真的友谊。

改善人际关系的方法

情感共鸣

现在，为"人缘"不好而苦恼的青年人很多，有些少年朋友，总是同周围的同学闹别扭，与他人关系紧张。珍珍是一名初二的学生，总与一些同学相处得不愉快，认为同学不愿和自己接触。其他同学总是亲亲密密地一起出去玩，而丢下自己，而他们的眼神似乎也在嘲笑自己，冷落自己。这样她也很少主动与同学交往，她想，你们不理我，我也不理你们。她渐渐和同学疏远了，整日想着自己人缘不好，导致上课注意力不集中，受到老师批评。回家不高兴，懒得吃饭、写作业，有时又被家长批评，她更认为自己像一个不祥之物，谁都不喜欢她。其实珍珍并不像她自己想的那样不受人们喜欢。

认知理解

人缘即人际关系，指的是个人与个人或个人与集体的关系。人缘的好坏，不仅取决于本人的因素，同时取决于他人和客观情境的因素。但是如果一个人与大多数人的关系总相处不好，则从以下几个方面来改善自己的"人缘"状况。

操作训练

1. 增加交往的主动性。这种主动，应表现在多主动帮助他人，一个人即使热情大方，但见人家有困难就逃之夭夭，那么别人就不再有与你交往的动机。在交往中，人们对交往的倾向，与性格有关。性格外向的人，爱交往，性格内向的人，好独处。但人的性格并非先天注定，终生不变的。因此，性格内向并不妨碍与人交往。事实上，同学之间、同事之间是有许多话题的。如同学病了，你主动帮助他买药、打水、打饭，或为他做一些你力所能及的事；遇到感兴趣的事，和大家一起讨论讨论；多参加一些集体劳动和活动；当别人不开心的时候，主动与他人谈心聊天。诸如此类的事情，都可以联络和增进你与他人的感情。当然这些交往不是为获得好人缘而被动进行的。主动地帮助他人或与他人交往也是人自我价值的实现。

2. 增加"互酬"的无私性。生活中往往有这种现象，有些人对别人的困难、需求漠不关心，使人感到他很冷漠，"拔一毛而利天下的事，不为也。"这种人的人缘肯定不会好，因为他帮助别人，只是出于"投之以桃，报之以李"的目的。这样的为人，只能博得人们一时的好感而难以与之久为知己。但有些人则相反，他默默地帮助他人，不求任何回报，而别人对自己的帮助，则铭刻在心，必欲报答才安心。前一种人，的确是有"互酬"的自私性，而后一种人则具有无私性。

3. 增加"包容"的广泛性。青少年朋友从小就要学会宽容、豁达地对待他人，对待生活，生活中的一些琐事，不值得你在意，你自不必大动干戈，这样不仅悦纳了自己，也悦纳了他人。要好的朋友间能够相互包容，关系一般甚至对自己有意见的同学或同事，也要学会宽容待人。

4. 增加"评价"的真诚性。对人要尊、真、诚。所谓尊，就是要尊重别人，不要自以为是。人的能力尽管有大小，但在人格上是平等的。不会正确地评价自己和他人，结果损害了别人的自尊心，使别人远离自己，而不愿和自己相处。不要嘲笑他人，轻视他人。所谓"真"，就是对人不应口是心非，讲话留半句，当面说人好，背后议人非，也不要无端地猜疑别人，好像总是感觉别人与你过不去。一定要真诚地对待自己的同伴、同学，因为黄金时代的青少年是感情最纯真的时候，千万别因自己的不真诚造成交往中的遗憾。人际交往中，难免会遇到矛盾，有了矛盾应开诚布公地与对方谈心，这样才会促进良好的人际关系。所谓"诚"，就是对于他人的缺点和不足不讥笑，而是热情帮助，取长补短；对别人的优点不妒忌，谦虚学习，学习他人之长，补己之短。尊、真、诚的反面是傲、伪、妒，这是人际关系的大敌。